強運な美人になれる魔法の習慣

見山 敏
Satoshi Miyama

GOODLUCK & BEAUTY

SOGO HOREI PUBLISHING CO., LTD

こんなとき、どう思う？

日々の生活のなか、問題・トラブルなどで「ショック」を受けることってありますよね？　例えば、このように、満員電車で足をおもいっきり、踏まれました。

どう思う？　どうする？

「ムカツク」って思う？
それとも、やり返しちゃう？
そんなときは、**ココロをこめなくてもいい**ので、これを試してみて！

●ココロの中で〝もう一人の私と相談〟してみよう

混んでるからしかたないよね
どう思う？

●「〜と昨日までは言いました」とつけてみる

●「大丈夫、大丈夫」と言ってみる

大丈夫大丈夫…
「ムカツク」と昨日までは言いました

●口角を少し上げて、背すじを伸ばしてみる

ニコッ
シャキーン

実は、これをやるだけで、「ショック」や「ムカツク」気持ちがスッキリ消えて、
しかも、**みるみる運までよくなっちゃう**んです。

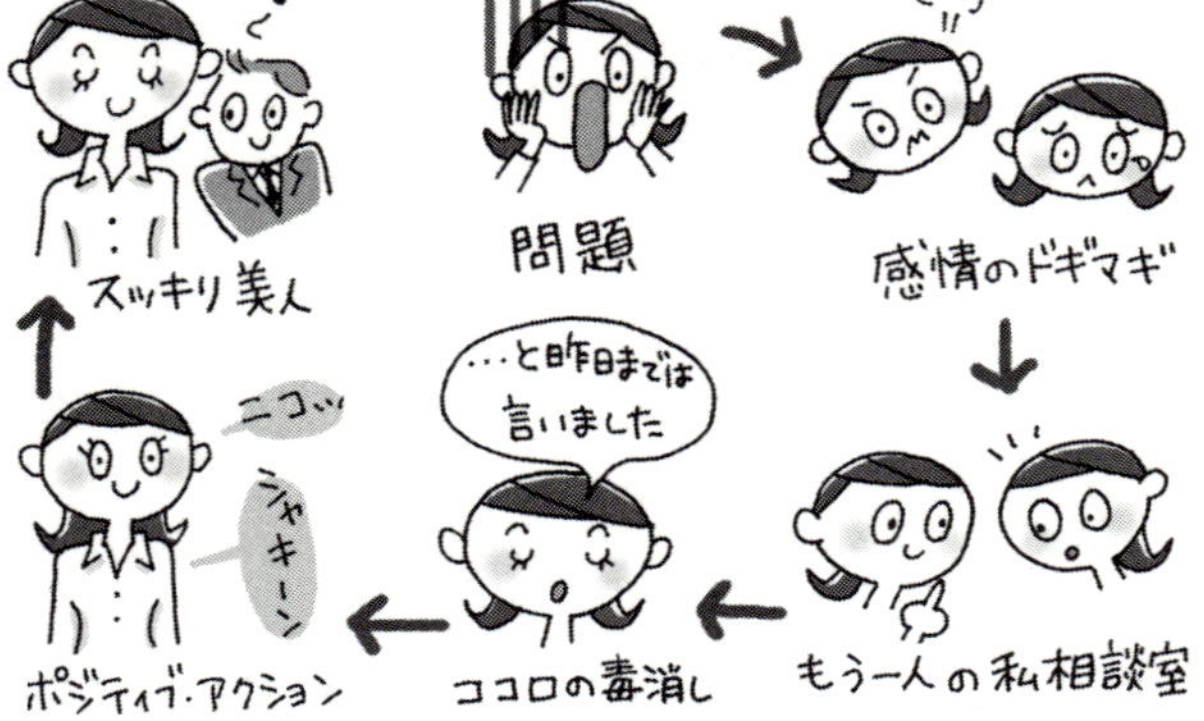

このときのココロの中を図にすると、上のようなことが起こっています。

嫌な気持ちになったり、落ち込みそうなとき、まずは試しにやってみましょう！

これを習慣にすると、**運がどんどんよくなるスパイラル**になり、気がつくと**「スッキリ美人」**に変わりますよ。

Mr．大丈夫こと、見山　敏

強運な美人になれる
魔法の習慣

CONTENTS

CHAPTER 2　トラブルをさらりとかわす人、かわせない人

CHAPTER3　キラキラ美人の魔法の習慣

CHAPTER 4 運命を左右するちょっとした習慣

装丁　MARTY inc.
本文イラスト　石崎 伸子

はじめに　しあわせな美人の条件

仕事柄、多くの女性に接します。私の講演は、受講生のそのほとんどが女性と言っても過言ではありません。

そんな関係で、いろんな相談も持ちかけられます。

不思議ですね。お顔立ちは、人もうらやむような美人でありながら、ココロがとても暗く性格も悪く、不幸な人生を送っている人もいれば、お世辞にも美人とは言えないけれど、人に好かれ、とてもしあわせな人生を送っている人もいるのです。

私は、講演でユーモアを交えながら、次のように申し上げています（あくまで冗談ですよ。軽い気持ち、おおらかな気持ちで聞いてくださいね）。

「女性は、お顔の造作と性格で次の四つのタイプに分類されるのです」と。

表にすると次のようになります。

	お顔の造作	性格
1のタイプ	○	○
2のタイプ	×	○
3のタイプ	○	×
4のタイプ	×	×

さあ、この中でどのタイプが最も「人気」がある（男性からも女性からも）と思いますか？

そうです。2のタイプですね。その証拠に、人気NO．1の女性タレントは、誰でしょう？　久本雅美さん（NHK「好きなタレント調査」で三年連続NO．1）です。決して、藤原紀香さんでも、広末涼子さんでもないのです（ごめんなさい。久本さん）。

さらにこのタイプの人は、人気だけでなく「好運」をも次々とつかむのです。

1のタイプのように、性格がよくても、あまり美人だとねたまれる可能性もあるのです。

ましてて、3のタイプのように、美人で性格が悪いと、みんなからひんしゅく者ですね。

お顔も悪くて、性格も悪い4のタイプ……？　もうこれは生きている価値はないでしょうね（冗談ですよ。何度も言いますが……）。

こういうお話をすると、必ず何人かの女性が私のところへ寄って来て、こう言います。

「私が、うまくいかない理由がよくわかりました。きっと私が、あまりにキレイすぎるんですね」と。

女性は、みんな「自分が一番キレイだ」と思っているのです

だから、生きられるのです。

だから、こうして公の場所に平気な顔をして、出て来ることができるのです（あっ、いけない！　綾小路きみまろになってしまいました）。

冗談はさておいて、結局言いたいことは、性格のよさがとても大事だということで

す。性格さえよければ、いくらでも「しあわせな人生」を送ることができるということを申し上げたいのです。

また、最近は自立した女性も多く、ほとんどの方が仕事を持っています。その仕事の成功においても、一にも二にもその人の性格が左右します。

どうしてそう断定できるのでしょう。

実は、**性格は「その人の運」と、ものすごく関係**しているからです。

その昔、小林秀雄という評論家がこんな名言を残しています。

「性格はその人の運命をつくる」。そのくらい性格と運は、切っても切り離せないものなのです。

運のいい人は何をやってもトントン拍子にものごとが運びます。反面、運の悪い人は、何をやってもうまくいきません。また本人の、努力やがんばりとはまったく関係がないのが、運の正体なのです。

あなたが、運をつかんだ性格美人に変われば、あなたの内面が輝きだします。あなたのよさが輝きだします。

他の誰とも比べることのできない、あなたなりの**最も美しいあなた**になれるのです。

そう、それは、「お顔立ち」や「若さ」を軽く超えてしまう魅力になります（前述の久本さんも内面の魅力を発揮した輝きがありますよね）。

この本では、どうすれば運をよくすることができるか、どうすれば性格のいい、内面から輝く美人になれるかという、とっておきの秘伝を公開したいと思います。

さあ、運のいい、しあわせな美人になりましょう。

CHAPTER 1

強運な美人は知っている

♥ 運のしくみ

ほとんどの人が、「運」についてかん違いしていることがあります。

それは、運をつかむためには、人一倍努力しなければならないと思い込んでいることです。とにかくがむしゃらにがんばって、奮闘努力しなければ運が開けないと思い込んでいるのです。

私も、この考え方をしっかり持っていましたから、努力に努力を重ねました。

さらに自分をはげますため、自分に言い聞かせてきた言葉は、

「がまん、しんぼう、無理、忍耐」

「がまん、しんぼう、無理、忍耐」

「がまん、しんぼう、無理、忍耐」

その結果、どん底に落ち込んでしまったのです。人間、がんばって、がんばって、

うまくいかないといけませんね。被害者意識を持ち始めますから。

「何で、こんなにがんばっているのにうまくいかないのか？」

「それは、きっと会社のせいだ」、「社会が悪いんだ」となってくるのです。

するとますます悪循環。やることなすことが、うまくいかなくなるのです。

私が20代に身をもって体験したことでした。がんばっても、がんばってもうまくいかないと、人は人生をあきらめがちになります。「どうせ、がんばったって無理さ」、「世の中、そんなに甘くないし」、「まあ、人生はこんなもの」。

そこで多くの人は、運に対する考え方の二番目の間違いを犯すのです。
それは、万が一のラッキー頼りという考え方です。そのいい例が、宝くじ……。「庶民のささやかな夢」なんて言葉に踊らされて、一等賞の出た宝くじ売り場に、それこそ多くの人が詰めかけること、詰めかけること……。そして何時間も並ぶのです。
でも、一等賞を引き当てる確率は、天文学的数字に近いほど低いものです。競馬や競輪というギャンブルに走るのも、同じ心理です。まさに一獲千金を夢見ているのです。そのほとんどが損をするのですから、こっけいとしか言いようがありません。

では、運がいいということは、どういうことでしょう？

ズバリ「運」という漢字が示しているように、**人様が「運」をどんどん「運んで」来てくれるということ**です。

例えば、仕事ならこちらから追っかけなくても、次から次へ入ってくる状態です。恋愛なら、ことさら自己ＰＲしなくても、周りがどんどん相手を紹介して、あなたを引き立ててくれる状態です。

どんなときも、いい情報がどんどん集まってくる状態なのです。あなたが何かをやろうとしたら、次々と協力者が現れ、喜んで彼らがあなたのために一肌脱ぎたいと思う状態です。そしてさらに人が人を呼んで、あなたにあやかりたいと思うのです。

つまり「あなたが運がいい」ということは、他人から見て「あなたがとても強運に見える」ことを言うのです。

しあわせな「キラキラ美人」と不幸な「ドロドロブス」

では、どんな人が強運に見えるでしょうか？　言うまでもありませんね。

暗くて、不平不満・泣き言を言っている人よりは、「明るくて前向きな人」です。

仕事を任せたらミスばかりをする人よりは、「確実に仕上げる人」です。

言われたことだけをやる人よりは、「期待以上の結果を出す人」です。

自信がない人よりは、「自信に満ちあふれている人」です。

人の悪口を言っている人よりは、「夢を語っている人」です。

自分のことばかりしゃべっている人よりは、「人の話をよく聞く人」です。

大口を叩いて自慢話をしている人よりは、「謙虚な人」です。

人の手柄を自分のものにする人よりは、「感謝の気持ちにあふれている人」です。

このようなしあわせで、内面からキラキラ輝く強運な人を、「**キラキラ美人**」と名

付けました。

そして、そのキラキラ美人はいつも「活動的」です。どんな障害や困難にあっても常に「にこやかで、さわやかに」乗り切っていきます。まるで何もなかったかのように……。

そしてものごとに「感動するココロ」を持ち、いつも「瞳がキラキラ」輝いています。また、周囲を魅了する「オーラ」を全身から放っています。

もちろん、生身の人間だから、たまには落ち込むこともあるかも知れませんが、すぐに立ち直り、「夢に向かってチャレンジ」しつづけます。

そんなエネルギーは、一体どこから出てくるのでしょう?

それは、「私たちを支配するもの」の正体を、キラキラ美人はよく知っているからです。そして、それをよくコントロールしているのです（もちろん本人は意識していないかも知れません）。

私たちを支配するもの?

多くの人が考え違いをしています。それは、自分の外部にあるものだと……。

例えば、それは自分の「生い立ち」と考えている人もいるでしょう。

「自分は普通の家庭に生まれたから、チャンスなんて無縁だ」

「取り立てて、何の才能もない私は、何をやってもだめ」

「病気がちだったので、何かにチャレンジしたくても体力がない」

「家が貧しいので、お店を持ちたいけれどお金がない」


あるいは、「身近な人間関係」と考えている人もいるでしょう。

「好きな人と結婚したいのに、反対する親がいる」

「自分は外に出て仕事をしたいのに、主人が出してくれない」

「子育てに追われて、自分のやりたいことができない」

「子どもの世話が終わったら、今度は両親の介護が始まった」


「会社という環境」も、自分を支配しているものと考えます。

「男女雇用機会均等法と言いながらも、いい仕事を与えてくれない」

「何かとじゃまするお局さんがいる」
「上司が私の才能を理解しない」
「今の職場には嫌な人ばかりいる」

結局はこういうことです。「自分はこうしたいのだけど、じゃまする誰かがいる」と。

あるいは、「思いどおりにいかないのは、取り巻く環境が悪いから」、「結局は、星回りの悪いときに生まれて来たからなのよね」と。

でもこれってほんとうでしょうか？

実は「**ドロドロブス**」（キラキラ美人の反対をこれからこう呼びます）の特徴は、このように考えるクセのある人なのです。

これを犠牲者意識、あるいは被害者意識と呼びます。つまり、自分はいつも誰かの犠牲者なのです。

いつも自分は誰かの犠牲になっていると思い込んでいますから、常に文句を言い、

誰かを責め、グチと悪口でいっぱいの毎日を送り、その結果、人もだんだん遠ざかってしまうのです。

♥美人とブスの分かれ目 ～私たちを支配するもの～

確かに、自分を取り巻く環境は、自分を支配しているものの一つかも知れません。というより、環境から少なからず影響を受けていることは、間違いのない事実です。その環境と考えられるものには、次のようなものがあります。

①気候状況　②生活環境　③健康状態　④人間関係　⑤経済状況

確かに、①気候状況で言えば、どんよりした日よりは、さわやかに晴れあがった日のほうが、ココロも軽くなります。

②生活環境で言えば、家の中が雑然と散らかっているよりは、こぎれいに掃除されているほうが、ココロはスッキリします。

③健康状態で言えば、風邪を引いていて、のどがヒリヒリ、鼻がグジュグジュしているよりは、何にもないときのほうが、ココロは晴れ晴れです。

④人間関係で言えば、嫌な人間が職場に一人でもいれば、気になるし、ココロはいつもイライラです。

⑤経済状態で言えば、借金取りに追われているよりは、貯金がたくさんあって、収入もたっぷりあるほうが、ココロも顔もニコニコできます。

また、それが生身の人間というものです。

でも、ほんとうはすべての人がココロの奥底では知っているのです。自分自身を支配するものは、他ではない、自分自身であることを……。決して、自分を取り巻く環境ではないことを……。

では自分自身を支配するものの、その正体とは一体、何でしょう?

それは**「気分」**なのです。

キラキラ美人とドロドロブスの大きな違いは、この**気分のコントロールが上手かどうかの違いなのです**。つまりキラキラ美人は、どんなときであっても、気分を上手にコントロールし、気分を上々に保つことを心得ている人と言っても過言ではないのです。

そして、この「気分上々でいること」が、とてつもないプラスのエネルギーを体の内側から引き出すことになるのです。

その結果、周りから見たら、しあわせで運の強そうな人に見えるのです。そして、人がそのエネルギーを感じ取って、自分もあやかりたいと、いい運を続々と運んでくるのです。

何かを実現しようと思ったら、行動を起こし、その実現に向かって、行動の継続しかありません。

そして、そのエネルギーは、「気分上々でいること」によってしか、わいて来ません。いつも気分上々でいると、泉のようにエネルギーがわいて来るのです。しかも、途切れません。

行動を阻むもの、それが「マイナスの気分」です。

何かをやろうと思っても、「面倒くさいな」いう、憂鬱な気分。

「やる気にならないな」という、ブルーな気分。

「自分にはできそうにもない」という、落ち込んだ気分。

こういったマイナスな気分で支配されていると、なかなか行動を起こすエネルギーがわいて来ません。そして何もしないまま、無為に時間だけが流れていくのです。

人間は、日々を無為に過ごすと、人生全体の調子がおかしくなってきます。気づいたときには、いつの間にか年を取り、残るは後悔ばかり……。そんな自分に愛想をつかし「だめだ」「だめだ」と、自分をさらに嫌いになるのです。

自分を嫌いになったらもういけません。人をうらやみ、人をねたむようになります。それだけならまだいいのですが、うまくいかない理由を他人のせいにし、うらみ、つらみ、泣き言の人生を送るようになるのです。そして人の悪口を言ったり、挙げ句の果ては人の足を引っ張ったり……。

そして、さらに嫌な女になり、ますます人から嫌われ、孤独になっていくのです。そうすると、ますます自分が嫌いになってしまいます。これぞまさしく悪循環（悪スパイラル）……。

もしあなたのココロが終始ブルーな気分で支配され、ココロが不幸な状態でいたら、たちまち悪循環に陥ってしまうのです。悪い気分が、あなたのエネルギーを枯渇させてしまうのです。

「この世の中のもめごと、トラブルはすべて不幸な人が起こしている」と言っても過言ではありません。

ココロが幸せな人は、ココロに余裕があり、人のことをおもいやることができるのです。

真の平和も、政治や経済の問題ではなく、一人ひとりのココロの問題です。どれだけ気分上々な人、ココロが幸せな人が、この地球上にたくさんいるかという問題なのです。

♥あなたの「悩み」と「不幸」の正体

活動的なキラキラ美人は、「ふっ」と思ったら、「すっ」と行動に移すことができるのが、特徴です。

実は、この「ふっ」と思ったら、「すっ」と行動に移すこと自体に悩まないコツがあるのです。

私たちの悩みはどこから来るかと言うと、動きを止めたときです。

その理由は、行動が止まっているときは、「今に生きていない」ことが多いのです。

つまり、過ぎ去った過去にとどまってしまったり、まだ来ない未来に生きてしまっているから悩むのです。

いつまでも過去のことにこだわり

「あのとき、ああしておけばよかった」

「こうしておけばよかった」

「あのとき、あの人からこんなこと言われた」

「こんなこと言われて、悔しい」

といつまでも過去を引きずっているのです。この状態のことを、**「過去苦労」**と言います。別名、持ち越し苦労とも言います。

一方、まだ来ない未来のことに対して
「大丈夫だろうか」

「自分にはできるだろうか」

「失敗したらどうしよう」

「うまくいかなかったら恥ずかしいな」

「できるかどうか心配だ」

と、勝手に悪いことに想像をふくらませて、あれやこれやと心配し、不安を抱えているのです。この状態のことを、**「未来苦労」**と言います。別名、取り越し苦労とも言います。

過去苦労も、未来苦労も、百害あって一利なしです。気分

が悪くなりますから。

　気分が悪い状態がつづくことを「不幸」と言います。まして、いつも気分が悪いと、体調だって悪くしかねません。またその体調の悪さが、さらに気分を悪くするのですから、もうこうなるとどうしようもありません。どこかで、この悪循環を断ち切らねば、永遠に不幸な状態がつづくことになります。

　次の章でこの「気分」しだいで、どんどんしあわせなキラキラ美人にもなるし、どんどん不幸なドロドロブスにもなる「スパイラル」について具体的にお話ししましょう。

運のつく
スピリチュアルうんちくコーナー①

潜在意識は魔法の水瓶

人生の「ゴールデンアワー」って知っていますか？　これを知ると知らないでは、あなたの運命は、天と地ほど違ってきます。

　まず、あなたの人生の大半を支配する「潜在意識」について考えてみましょう。「人間のココロには、意識と潜在意識がある」ということを、フロイトという心理学者が発見しました。

　私たちは、起きてこうして活動しているときは、「意識」が働いています。今、あなたが本を読んでいるのも意識の働きですね。だから私たちは、「意識」が自分だと思っているのです。でも、こうして本を読んでいる間も、ちゃんと心臓は動き、内臓は働き、消化吸収は行われているのです。意識はしていませんけれども……。まして夜、ぐっすり眠っている間でも、こうして生きているということは、潜在意識がしっかりと活動してくれている証しです。意識しないから、潜在意識のことを「無意識」というのです。

　このような生理的な活動は、皆、潜在意識がやってくれていますが、何よりも、**人の運命もこの潜在意識が支配し操っているのです。**

「人生に勝利しようと思ったら、潜在意識を味方にしなさい」という言葉があります。この言葉のどおり、潜在意識を味方にし、潜在意識を上手に使いこなした人が、健康や幸福や幸運というものをつかんでいるのです。

そこで、「意識」と「潜在意識」の特長を列記してみたいと思います。

「意識」は

①思考の主人公である　②理性的である　③思考を取捨選択することができる　④一度に一つのことしかできない　⑤物事実現の力は弱い

一方、「潜在意識」と言えば

①思考の召使いである　②感情的である　③どんな思考でも受け入れてしまう　④一度にたくさんのことをやってのける　⑤物事を実現する、強大な力を持っている

ちょうど、潜在意識は大きな「魔法の水瓶」みたいなものです。しかも、クリスタルでできた、透明で大きな水瓶……。そこに、毎日、毎日、一滴ずつ意識という口を通して、何かを入れているのです。その中に何を入れるかは、あなたの意識次第、つまりあなたの選択次第ということです。

透明で澄みきったキレイな水を入れつづけると、その水瓶はまるで大きな水晶玉のようになって、やがて振動をし始めるのです。まるで巨大なクリスタルの発信装置のように。そして、その波動に合ったステキで、すばらしい現象を引き寄せてくれるのです。

ところが、大概の人は、毎日、毎日、一滴ずつマイナスのものを入れつづけているのです。マイナスとは、不足感、欠乏感、焦燥感、不安感、心配、イライラ、物足りなさ、不満……そういったものです。

その結果、その水瓶はマイナスの発信装置となり、その波動に合ったマイナスの現象を引き寄せます。そして「類は友を呼ぶ」の例えのとおり、似たような人を引き寄せてしまうのです。その人たちとは、愚痴、悪口、不平、不満、泣き言、文句いっぱいの人たちです。「どうして、自分の周りは、不幸な人ばかりが集まってくるのだろう」と嘆いても、それはあなたの波動が、似たような人を引き寄せているのです。

さて、この巨大な水瓶を、一気にキレイなもので満たすことができたら、いいと思いませんか？ 実は、それができるのです。それができるのは、唯一、人生の「ゴールデンアワー」の上手な使い方によってなのです。

ゴールデンアワーとは、**夜寝る前のうつらうつらする瞬間**です。つまり、今まさに意識が薄らぎ、潜在意識にバトンタッチされる瞬間こそ、人生の「ゴールデンアワー」なのです。その、うとうとしているときこそ、「豊かなこと」「美しいこと」「健やかなこと」「安らかなこと」「うれしいこと」「楽しいこと」……等、あなたにとって「いいこと」「望ましいこと」「すばらしいこと」を、一気に言葉と映像で潜在意識に流し込む、絶好のチャンスなのです。

なぜなら、その瞬間には、潜在意識がぽっかりと大きく口を開けて待ってくれているからです。

今日から、次に述べる、効果抜群の「魔法の言葉」を唱えてから、お休みになってみてください。不思議といいことがいっぱい起きてきます。

「あ〜あ、しあわせ。私は、ツイてる!!!」

昼間、どんなつらいことがあっても、「あ〜あ、しあわせ。私は、ツイてる!!!」疲れて、どんなにストレスを感じていても、「あ〜あ、しあわせ。私は、ツイてる!!!」昼間、落ち込みそうな事件に遭遇しても、「あ〜あ、しあわせ。私は、ツイてる!!!」。

とにかく、夜、寝る前は、無条件にこの言葉を唱えて、しあわせな気持ちになって、眠りにつくことです。何しろ、幸・不幸の選択権はあなたに与えられているのですから。

今日から、あなたの潜在意識の主人公になって、物事実現の強大なパワーを持つ、この潜在意識を自由自在に扱ってください。

セレブの強運テクニック　Ⅰ

「初めてのことも、もしかしてできないかも、と不安に思うより、どんどん楽しんでやっていこうと心がけていますね。寝る前に一日を振り返って、ああ、楽しかったと思えた方が気分いいし、寝付きもいいんで」

（中略）

「悲しい顔って人に見せるべきものではないと思うので、自分の中にしまって、あとは、もう楽しいことを考えるようにしています」

〈『東京新聞』２００４年２月７日夕刊より〉

いまやトップ・アイドルの松浦亜弥さんのコメントです。

まだ、10代ながら、**気分を上手にコントロールするコツ**をつかめています。

悩みや不幸は、動きを止めたときにあらわれます。でも、松浦さんは、「どんどん楽しんでやっていこうと心がけています……」と、常に行動に移しているようです。

悪い感情や、暗い気分は周りの人に伝染し、よくない影響を与えます。「悲しい顔って人に見せるべきではないと思うので……」と、ちゃんと周囲に気を配り、自分の感情もうまくコントロールしているようです。

しかも、寝る前の「ゴールデンタイム」にその日の楽しいことを振り返り、潜在意識にステキなことを流し込んでいます。

若くても、私たちから見て、強運でオーラがあるように見える人は、無意識にちゃんと運のしくみがわかっているようです。

私たちも、この習慣を積極的に取り入れたいものですね。

Mr．大丈夫の
なんでも相談コーナー　恋愛・美容編

Q 彼がほしいけど全然出会いがないんです。寄ってくる人はタイプじゃない人ばかり……。

A こんなときこそ、「潜在意識」に頼んでみるといいのです。

まず、**どんな彼が理想なのか、箇条書きにする**ことが第一歩です。遠慮はいりません。ココロの内をさらけだして思い残すことなく書き出すことです。もちろん矛盾のない書き方が、必要です。例えば、もう結婚している人で理想の人がいて、その人の名前を書いたりすると、後で悩むことにもなりかねませんから……。

そんなときは、**特徴を書く**のです。書き出すときの注意事項ですが、**手書き**にしてくださいね。

その人を「愛する人」と名付けます。そして**毎晩、紙に書く**のです。「愛する人が、近々、私の前に現れそう！！！」と期待感を込めて書き、期待に胸をふくらませながら、今日から眠りにつきましょう。

さあ、あとは思わぬ出会いを待つばかりです。潜在意識の不思議な力を信じて、楽しみにしてください。

Q **彼からほんとうに愛されているか不安でしょうがないんです。**

A そんなときは不安になりますね。でもこの不安感が何となくあなたの雰囲気となり、あなたの発するオーラとなって、何となく彼にも伝わり、彼も息苦しさを感じるのです。そして何となく、彼に対してその言動をチェックしてみたり、常に自分の方を向いていてくれるよう、知らず知らずのうちに束縛してしまうのです。

そうなるとあなた自身の魅力も半減です。**「魅力は、与えることによって増し、奪うことによって減ずる」**という法則がありま す。相手を束縛するということは、相手の自由を奪うことですから、相手はうっとうしく思うようになります。

さあ、そこでこの問題を解決するには、あなたの魅力を上げていくことをおいて他にはありません。つまり、彼があなたを愛さざるを得ないような「あなた」になることです。

まず、**あなた自身を大好きになること**。自分に対する信頼、つまり自信を取り戻すことです。

そのためには、恋愛以外にあなたの目標を立てることです。あなたのやりたいこと、あなたらしさを発揮できるものを見つけることです。そしてそのことに没頭してみてください。そうするとあなたは、この上なく輝いてきます。そんな輝きに彼もココロを奪われるのです。

Q　飲み過ぎたあくる朝の通勤電車、電車の窓に写った私の顔をみて驚いた。何なの、このやつれたおばさん顔！　ショック！

A　ショックがあったということは、反省するとてもいいチャンスです。何しろ人間は、何かショックなことがないと、なかなか自分を変えることができませんから。

たまには、飲み過ぎることもあるでしょう。また人間だから、飲みつぶれたいときもあると思います。でも、お酒に逃げていると習慣性になります。もし、ストレスがたまるのであれば、お酒以外のもので発散することをお勧めします。

さて、ここで大事なことは、**やつれた姿で、鏡を見ないこと**です。潜在意識に自分のやつれた姿を、刻印しないことです。強く刻印してしまうと、やつれた自分がほんとうの自分と、潜在意識が錯覚してしまい、やつれた自分をますます現実化してしまうことになります。

やつれていると感じたときこそ、鏡に向かうときは、ニッコリほほえんでください。

Q　子どもを一人生むごとに一〇キロずつ太り、今では八〇キロです。どうすればいいでしょう？

A　骨盤のゆるみが大きな原因です。

骨盤を締める体操など効果的ですよ。

仰向けに寝て、起きあがるときに、足先を内側にねじりながら起きるといいのです。

それと、食事のアンバランスがあると思います。子どもを育てているから、ついつい、忙しくてつまみ食いですませたりすると思います。ところが、これがいけません。ちょっとつまんでいるようですが、結構過食になっているのです。また、食事がいい加減になって、特にビタミン、ミネラルなどのような微量栄養素が不足し、代謝異常にもなるのです。

とにかく、家族の健康を預かるあなたですから、食と健康に関しての勉強を深めることです。かと言って、健康おたくになる必要はありません。根本の栄養についての知識で十分だと思いますよ。

あわせて、次の章のうんちくコーナーの「潜在意識のダイエット法」も試してみてください。

CHAPTER 2

トラブルを さらりとかわす人、かわせない人

♥あなたはどのタイプ？

私たちは生きている限り、いろいろな問題やトラブルに遭遇します。問題にぶつかったとき、あなたはどう感じ、どう行動しますか？

1　全然落ち込まないで、すぐに次に向かって前進するタイプ
2　しばらく落ち込んだり、悩んだりしながらも何らかのきっかけで立ち直るタイプ
3　ずっと落ち込みっぱなしのタイプ

図解すると次のようになります。
タイプ1の人は、問題が起きたとき、すぐ行動に移して、問題から抜け出します。
いわゆる成功者タイプであり、キラキラ美人です。

あなたはどのタイプ？

目に見える世界
現象
ゴロンゴロン
タイプ1
問題
行動
タイプ2
目に見えない世界
ココロ
どうしよう…
そうだ！
気づき
もう
おしまいだ…
タイプ3
落ち込む・悩む
さらに落ち込む・悩む

しかし、ほとんどの人は前ページの図、タイプ2のように、ぽこっと落ち込むことになります。その後、誰かに何かアドバイスをもらったり、本を読んだりしてヒントを得て、行動に移し問題を解決できます。これが圧倒的に多いタイプです。

タイプ3の人は、問題に突き当たったら、落ちっぱなしで、ずっと「気分」が下がっていってしまい、問題もどんどん大きくなってしまいます。

♥人生の分かれ目・感情スパイラル

実は、今までのあなたの人生は、問題が起こったときの感じ方、受け止め方でできていると言えるのです。そして、今後のあなたの人生も決まってくるでしょう。

次の図が、**「人生の分かれ目・感情スパイラル」**です。

問題に対処する、ちょっとした行動によって、「人生天国」へのスパイラルにも、「人生地獄」へのスパイラルにもなるということです。

人生分かれ目・感情スパイラル

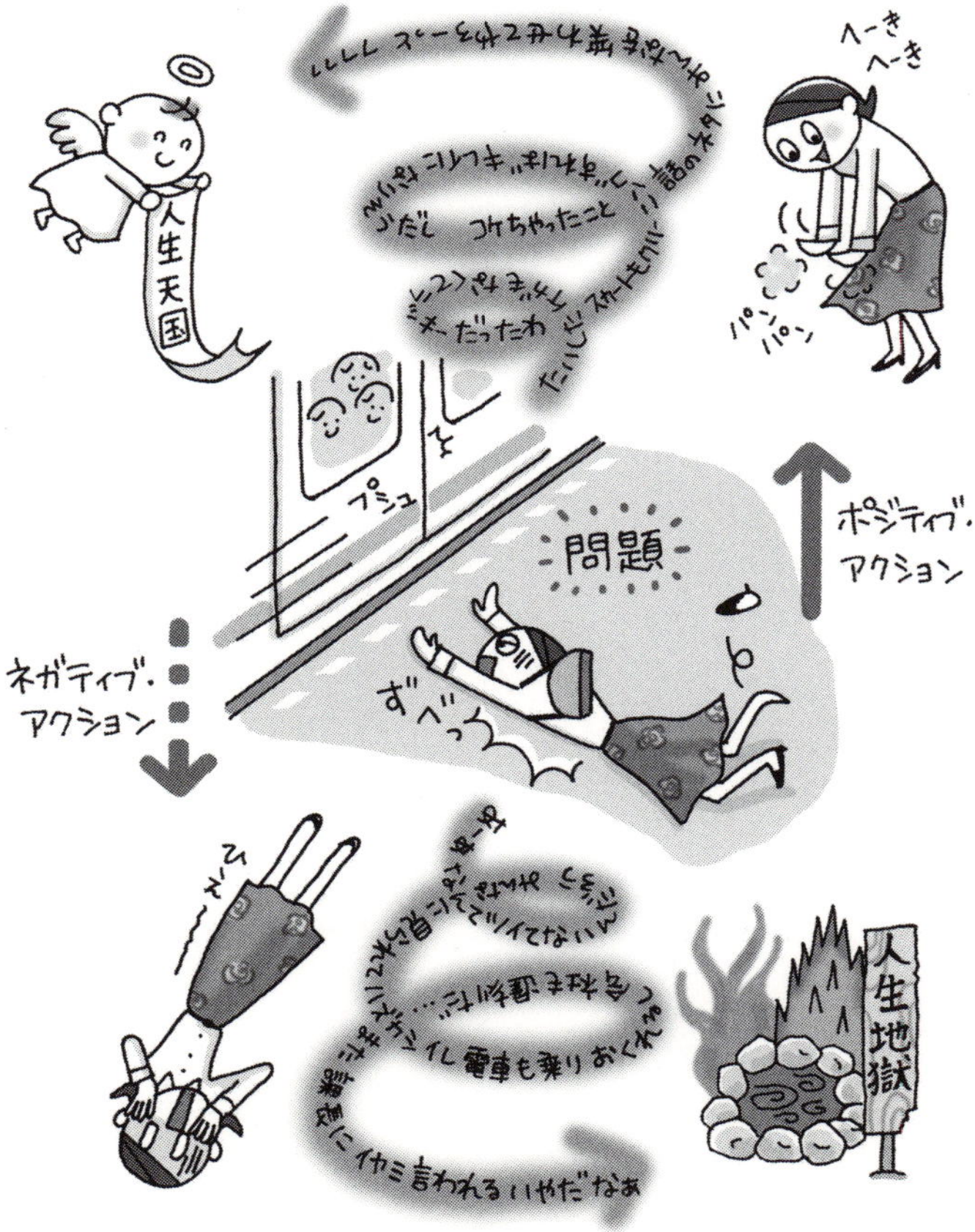

この「感情スパイラル」をクローズ・アップして、三つの「感情サイクル」を取り出してみました。次ページの図です。

問題が起きたとき、次々と、プラスの行動を取り「人生天国」になるのがキラキラ美人のAタイプ。反対に、マイナスの行動のネガティブ・アクションで、「人生地獄」のドロドロブスに陥ってしまうのがCタイプです。

「私はとてもじゃないけどキラキラ美人になれそうもない……」という声が聞こえてきそうですね。大丈夫です。少しずつスパイラルを上げていきましょう。

そこで、キラキラ美人を目指すみなさんに、問題が起ったときに、ぜひ試してほしいキラキラ美人一歩手前のBタイプのパターンを取り上げてみました。

♥ 感情のドギマギ！「もう一人の私相談室」へＧＯ！

それでは、Ｂタイプを中心に「感情サイクル」を解説しましょう。

三つの感情サイクル

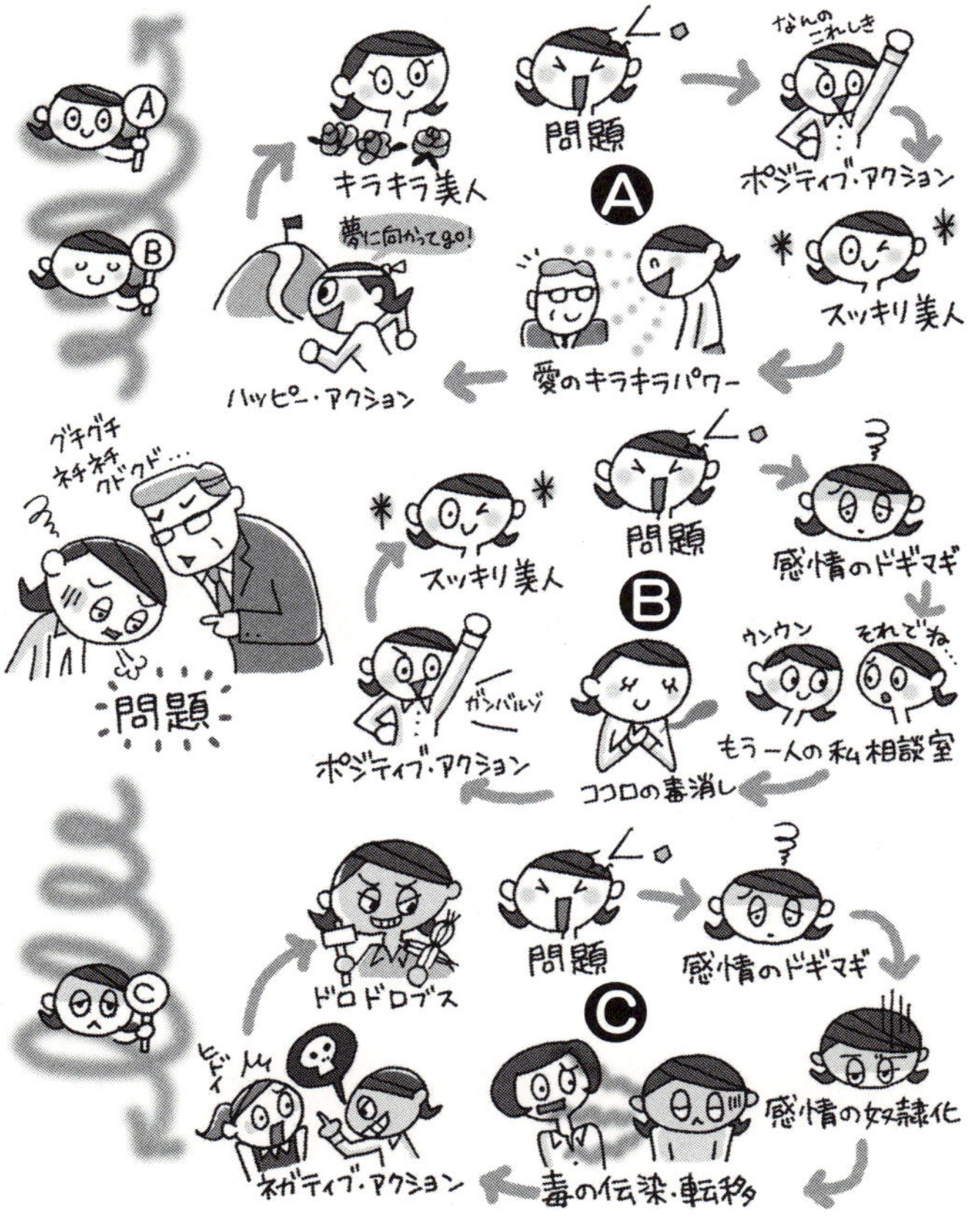
A
B
C
問題
なんのこれしき
ポジティブ・アクション
スッキリ美人
愛のキラキラパワー
夢に向かってgo!
ハッピー・アクション
キラキラ美人
グチグチ
ネチネチ
クドクド…
問題
感情のドキマギ
ウンウン
それでね…
もう一人の私相談室
ココロの毒消し
ガンバルゾ
ポジティブ・アクション
スッキリ美人
問題
感情のドキマギ
感情の奴隷化
毒の伝染・転移
ヒドイ
ネガティブ・アクション
ドロドロブス

あなたは「問題」に遭遇したときに、どう「思い」ますか？

そう、「ショック！」「嫌だ」とか「困った」「悲しい」など、ココロが乱れます。

これを**「感情のドギマギ」**と言います。

ちなみに、Ａタイプは、この「感情のドギマギ」がなく（あっても一瞬）、すぐ次の一手の行動を取れるのが特徴です。

誰しも生身の人間だから、落ち込んだり悩んだりするのが、当たり前です。

「すべては時が、癒やす」と言われます。

どんな問題も、時間がすべてを解決してくれます。

時間の経過の中で、他の人からの励ましや、なにげなく見たテレビの番組や、手にした本の言葉によって「はっ」と気づき、立ち直ることができるのです。

ところが、この「感情のドギマギ」にほんろうされ支配されたら、なかなか次の行動が取れず、ずっと落ち込み状態を引きずることになります。こうなるといけません。ドロドロブスのＣのパターンに陥ってしまいます。

落ち込む時間が、短ければ短いほど、キラキラ美人に近づけるのです。なるべく早く立ち直るためにはどうすればいいのでしょうか？

この「感情のドギマギ」を上手にコントロールするために、自分の中にある**「もう一人の私相談室」**に駆け込みましょう！

これは、客観的に「問題」を見てみようということです。感情にとらわれると、当然、自分が感じたことでいっぱいいっぱいになってしまいます。

そこで、もう一人の冷静なあなたに、「どう思う？」と聞いてみましょう。

例えば、朝の満員電車でおもいきり足を踏まれ、お気に入りの靴に足跡がついたとします。まず、「感情のドギマギ」が来ます。

「なんで、謝らないの！」「ムカツク！」「仕返ししてやろうか!?」

そこで、「もう一人の私相談室」に駆け込みます。そして、もう一人の私に「どう思う？」と聞いてみましょう。

「きっと、気が付いていないのかも」「自分だって混んでるとき、人の足を踏んで謝らないときもあるし」「わざとじゃないんだから」

このように、自分に問いかけをすると、意外と冷静な第三者的な答えがでて来るものなのです。

これだけでも、少し落ち着きませんか？

♥「ココロの毒消し」テクニック1　瞬間立ち直り法

「もう一人の私相談室」で問題を冷静に見つめることができたけど、ムカムカしたり、カッとした気持ちは残ってしまいますよね？

そこで、次に**「ココロの毒消し」**をしましょう。

気分に大きな影響を及ぼすのが「言葉の力」です。

落ち込みそうになったとき、マイナスの言葉を吐くことによって、さらに気分を悪くし、状況を悪化させるのです。

「だめだ」「私には無理だ」「もう、嫌だ」「なんてツイていないんだろう」……こんなマイナス言葉や泣き言を、ついつい言ってしまうのです。

このようなマイナス言葉を吐くことによって、自分の気分をスポイルし、落ち込みを増幅させ、さらに運命まで悪くするのです。

こういった悪習慣は、今日限りにしましょう。でも、これがなかなか難しいのですね。

なぜならクセですから、ついつい口グセで言ってしまうのです。これを「一切言ってはならない」と気張ると、ざせつしてしまうのです。

そこで、提案です。**完全主義、完璧主義を目指さないことにしましょう。**

今日からこのように、言ってみてください。どうやら神様は、マイナス言葉は最初の一回だけなら、許してくれるようですから。

次のようになら、できそうですね。

「だめだ」**「と、昨日までは言いました」**

「私には無理だ」**「と、昨日までは言いました」**

「もう、嫌だ」**「と、昨日までは言いました」**

「なんてツイていないんだろう」**「と、昨日までは言いました」**


このようにマイナスの言葉を言った後で**「と、昨日までは言いました」**という言葉を、付け加えることによって、パッとココロを切り替えるのです。

これを、**「瞬間立ち直り法」**と言います。


前にあげた例の、電車で足を踏まれたという「問題」だと、

「なんで、謝らないの!?」「と、昨日までは言いました」

「ムカツク！」「と、昨日までは言いました」

「ココロの毒」が薄らいでいきませんか？


この他にも、「言葉の力」は強力な毒消しになります。

「大丈夫、大丈夫」

「ツイてる、ツイてる」

「ありがとう」

「ありがたい」

「おかげさま」

……。


「瞬間立ち直り法」にあわせて肯定的な言葉を、唱えてみましょう。

♥「ココロの毒消し」テクニック2　感情の浄化法

瞬間的になかなか、消えないココロの毒はどうしましょう？

まず、紙を用意してください。どんな紙でもいいでしょう。広告の裏が白紙のものなら、好都合です。それを横長に置きます。

まんなかに、上から下へ縦に線を入れてください。ちょうど、

紙を半分に仕切る感じです。さらに、上の方に横線を引きます。つまり、表の項目を書くスペースです。

さて、左の項目欄に「その時の事実、現象」と書いてください。そして、右の項目欄には「その時の気分、感情」と書きます。

あなたが、過去に嫌なこと、つらいこと、悲しいこと、頭にきたことなど、ココロの傷として、残してきたものを、この紙の上でうまく処理するのです。

例えば、こうです。左の欄には、「平成16年9月26日、会社の先輩、お局の山田さんに、給湯室に呼ばれて、めちゃくちゃにけなされた。人格まで否定された」。

さて、右に欄には、ココロの隅に押し殺してきた素直な感情を、全部さらけ出すのです。

「どうして、こんなにまで言われなければならないの。冗談じゃないわよ。あなたの方が、人間的にはサイテーよ。この売れ残りのブスが……」と思い切って、書くのです。正直に、時には殺意を込めて書くのです。

さあ、これからが大事です。書いた紙を灰皿の上で燃やすのです。そのときに**「あーあ、これで悪感情がすべて消えていった。ココロはスッキリ」**と唱えながら、悪感情が消えていくイメージをすることです。ただし、くれぐれもこの紙を相手に渡さないでくださいね（笑）。

これを何度か繰り返しているうちに、すっかりあなたのココロはスッキリするのです。すると、不思議なことが起きるのです。

以前、私が少人数のセミナーを行っているときに、こんなことがありました。ある女性が、不動産会社に入り、営業職に就いたのです。彼女は「NO．1の成績を上げる」という明確な目標を持っていました。入社半年にしてその目標を達成したのです。

ところが、それをねたんだ先輩の女性社員がいました。ことあるごとに意地悪するのです。そして最後は、大げんかをしてしまったのです。その先輩社員も居づらくなったのか、とうとう会社

を辞めてしまいました。

感情のもつれ、感情のしこりを残すと、後味が悪くどうも気分がすぐれません。そんなことがあってからというもの、彼女は成績を上げたいと思うのだけど、また誰かに邪魔をされるのではないかという不安感がつきまとい、やる気が出なくなって、私のところへ訪ねて来たのでした。

そこで教えてあげたのが、この「感情の浄化法」。彼女はわらをもすがる思いだったので、熱心にやってくれたのです。

ためてしまった悪感情を、毎晩、書いては焼き、書いては焼き……。**二週間、過ぎた頃です。**何となくココロの底で、ストーンと抜けるようなものを感じたそうです。そして、何となくココロが軽く感じたのです。

するとあら不思議、翌日会社に行くと、あのけんか別れした先輩女性から手紙が来ているではないですか。

封を切ってみると「あのときは、ごめんなさい。家庭でいろいろあったものだから、どうやらあなたにあたってしまったみたい。そんな事情だから許してほしいの」という手紙が来ていたのです。

何とも不思議なことが起きるものですね。どう考えても偶然とかたづけるにはあまりによくできている話だと思いませんか。

この世の中にはいろんな電波が飛びかっているのです。テレビや携帯電話にしてもそうですね。目にはその電波は見えませんが……。

携帯電話にしても、テレビにしても、発信する側と受信する側がいます。その双方の電波が一致したときに会話もできるし、テレビの番組を見ることができるのです。

これと同じように、私たちの思考も電波のように自由自在に空中を飛びかい、同じ波長の人と共振するのではないかと思うのです。だから類は友を呼ぶということが、昔から言われているのではないでしょうか。

その思考は、とりもなおさず感情の影響をものすごく受けているのです。

悪感情をココロに残したままだと、どうしても思考がマイナスになります。すると同じ思考の人を、続々と引き寄せることになるのですから、注意が必要です。

♥スッキリ美人になれる「ポジティブ・アクション」テクニック

「もう一人の私相談室」「ココロの毒消し」で気持ちが落ちつき、ココロがスッキリしたら、どんどん運がよくなり、キラキラ美人に近づく「ポジティブ・アクション」に移りましょう。

CHAPTER1でキラキラ美人とドロドロブスの分かれ目、私たちを支配するものは、「気分」だとお話ししましたね？

「気分」、つまり「EMOTION」は、どのようにすれば上手にコントロールできるのでしょうか。「EMOTION」をコントロールする「いい」方法は、この「EMOTION」という英単語の「E」というスペルを、一文字抜くといいのです。

「EMOTION」引く「E」で、つまり「MOTION」……動き、動作、仕草、姿勢、態度でコントロールできるのです。

よく私の講演で、次のような実験を行ってもらいます。二人ずつ、ペアになってもらって、お互いに向かい合って「いない、いない、バー」をしてもらいます。すると大笑い。どんなに難しい顔をしている人でも大笑い。つまり、おかしくもないのに、笑うとおかしくなるのです。

アメリカの有名な実践心理学者であるウィリアム・ジェームズという人が、次のような言葉を残しています。「人間はおかしいから笑うのではなく、笑うからおかしくなる」あるいは「人間は悲しいから泣くのではなく、泣くから悲しくなるのである」と。

つまり「EMOTION」は、「MOTION」でコントロールできるということを例えているのです。

「MOTION」は、動きであり形です。日本の伝統的な、お茶やお花などの世界や、武道の世界の言葉で表現すると「**まず、形から入れ**」ということになります。

落ち込んでいるときは、余計なことを考えないで、まず形から入りましょう。

例えば、

髪型を変える。

オシャレをする。
胸を張る。
早く歩く。
背すじを伸ばす。
大きな声を出す。
山へ登る。
旅に出る。
シャンプーをする。
シャワーを浴びる。
部屋の整理をする。

……このように、形から入るのです。

ものごとが思いどおりになるから、気分上々になるのではなく、**気分上々でいるから、ものごとが思いどおりに運んでいく**という事実を知ってほしいのです。

このポジティブ・アクションで、いつまでも問題に固執しない**「スッキリ美人」**になれるはずです。スッキリ美人は、キラキラ美人になるため重要な前段階です。ちょ

っと成長したクリーンなココロです。ココロがスッキリしていると、また新たな行動が起こせます。

先ほどの、満員電車で足を踏まれる例を思い出してみましょう。「感情のドギマギ」を「もう一人の私相談室」「ココロの毒消し」でスッキリさせます。ここで、「ポジティブ・アクション」を取ってみましょう。

ちょっと口角を上げて、「ニコッ」とほほえんで、背すじを伸ばしてさっそうと歩いてみましょう。

そんなココロに執着のない「スッキリ美人」になったら、あら、不思議。偶然、好きな人にあって、「朝から君の笑顔を見られてうれしいよ」なんて声をかけられるかもしれませんね。

それが、感情の赴くままに「感情の奴隷化」（Cパターン。次に解説します）で、不機嫌なドロドロブスな顔をしてたら……。

♥ドロドロブスに陥る「ネガティブ・アクション」

残念なことに最近は、Cパターンのように、ずっと落ち込みっぱなしの人が多いのです。ずっと落ち込んでしまって人生を台無しにしてしまっているのです。もったいないことです。

「感情のドギマギ」が起こったとき、際限なく、その問題に固執して、ずるずると**「感情の奴隷化」**になってしまうのです。つまり、客観的に自分を見ることができなくなってしまうのです。

そして、自罰の罠に陥ってしまいます。これが、**「毒の伝染・転移」**です。

自罰とは、「だめだ」「だめだ」と、自分を延々と責めつづけることです。自己処罰、自罰は、一見謙虚なイメージがしますが、とんでもないことです。

なぜなら、気分が一気に暗くなるからです。そして周りにも、暗い雰囲気をまき散

らし、よくない影響を与えるのです。

自罰もよくないのに、他罰になるともう最悪です。運命の悪さを、他人のせいにするのですから。「あいつが悪い」「こいつが悪い」と自分の周りの人を責め、やがて世界中を敵に回すことになるのです。

周りに八つ当たりをしたり、愚痴をこぼしたり、暗い顔を向けたり……。これを**「ネガティブ・アクション」**と言います。

これでは、気分・運もどんどん落ち込んでドロドロブスになっていきますね。どんな運命であろうとも、自分の運命は自分持ち。誰も代われないのです。それを知っておいてほしいのです。

♥ ものごとの受け止め方ですべては決まる

感情のコントロールが、どれだけたいせつかわかっていただけたと思います。

つまり何か問題が起きたとき、いかにうまく感情をコントロールするかによって、結果が天と地ほど違ってくるのです。感情の処理の仕方を一つ間違えただけで、ドロドロブスの悪循環に陥ってしまうのですから、これは要注意です。

残念ながら、ほとんどの人がこのことに気づいていません。毎日、毎日を生きている段階で、いろんな問題に遭遇しながら、ココロを乱し、感情にほんろうされながら、その感情のままに生きているのです。

さあ、ここであなたに問題を出したいと思います。次の○の部分を言い当ててください。

「私はあなたを○します。私が○○になるために」

いかがですか。おわかりになりましたか。

「私はあなたを愛します。私が幸福になるために」

ああ、よかった。間違って答えてくれて……。

講演会で、この問題を出すと、ほとんど１００％の確立で、この答えが返ってきます。もちろん、これもかなりレベルの高い解答ですが、正解は次のとおりです。

「私はあなたを赦（あるいは許し）します。私が自由になるために」

どうでしょう？　そうですね、マイナス感情で最も強力なものは、人に対する恨みつらみ。これを持っていると、一生ココロが自由になれません。

マイナス感情、これを私は「執着」と呼んでいます。別名、「こだわり」、「とらわれ」、「ひっかかり」とも言えます。

もちろん仕事などで、いい意味でのこだわりを持つことは大事です。

私の申し上げたいことは、どうでもいいことへのこだわりです。マイナスなことへのこだわりです。

たった一つのマイナスのことにこだわって、一生を台無しにしてしまうことだってあるのです。

あえて実話を披露したいと思います。それは、私の母のことです。

私の母は、一つのことにこだわって、ほんとうにかわいそうな人生でした。そのこだわりとは、兄嫁に対するにくしみです。

それは、兄たちが新婚旅行から帰ってきたその日から始まったのです。

母は、女手一つで苦労して、私たち男の子三人を育ててくれたのです。しかも母は中国人で、誰一人身寄りがなく、日本人の父が亡くなってからは、それこそ大変な思いをして、自分のことは後回しにし、必死で子どもたちのために、一生懸命生きたのです。

そんな母が、兄たちが新婚旅行から帰ってきたとき、喜んで新婚家庭に新鮮な魚を持ってお祝いに行ったのです。

ところがです。そのとき、姉が機嫌よく迎えてくれなかったようです。きっと疲れていたのでしょう。「じゃあ、また出直してくるから」と母も、何事もないかのように帰ればよかったのだけれど、その姉の態度で「カーッ」となったのです。

さあ、それから大変です。

その日のことを根に持って、ず――――っと、兄嫁をにくみつづけたのです。

それこそ、ず――――――――――っと。

ず――――――――――――――――――っと。

どこまで、ず――――っとかというと、ボケまで。

「ボケは、神様がくれたプレゼント」と言った芸能人がいます。まさに、そのときは「ほんとうにそうだ」と思いました。

母は、最後はボケてしまったのですが、ボケてからは、あれだけ恨んでいた兄嫁のことをすっかり忘れているのです。どうやら、母の苦しみを取り去るために、神様がボケを母にプレゼントしてくれたとしか思えません。

どれだけとらわれが母を苦しめたかというと、今から述べるとおりです。

私は、東京近辺に生活の拠点をおいています。

実家の愛媛県の松山に帰り、例えば桜の季節には、お花見に母を連れ出します。満開に咲く桜の下で「ほら、見てごらん。満開の桜っていいね」と言うと、確かに母は桜を見ます。でも、頭の中では「嫁がにくい!!」としか、考えていないのです。

「心ここにあらざれば、見れども見えず」の心境ですね。ココロが、今ここにないのです。

こういうこともありました。実家には、お風呂がなかったから、近くの銭湯に母を連れ出します。帰り道、お風呂上がりの星空というのもさっぱりして、とても粋なものです。

「きれいね。満天の星だよ」と仕向けると、確かに母は星を見ますが、頭の中は「嫁がにくい！！」……一事が万事こういう始末です。

ほんのわずかなことで、自分のココロを一生不自由にしてしまったのですね。

「私はあなたを赦（あるいは許し）します。私が自由になるために」

これしかありません。あなたのココロが自由になるためには……。

運のつく
スピリチュアルうんちくコーナー②
美肌とダイエットのコツ

寝ている間は、ただ休息しているだけでしょうか？　実はいろんなことを潜在意識が行ってくれているのです。

　まず、最も大きな仕事は、**「カラダの癒し」**です。まあ、簡単に言えば、カラダの修復・修繕作業ですね。疲れているところを癒し、傷ついたところを治し、病原菌がいたらやっつける……そんなことを寸断なく、眠っている間にやってくれているのです。そういえば、大きなケガをしたりすると気絶したり、昏睡状態になりますね。これも意識を眠らせ、潜在意識に任せて、ケガの修復をできるだけスムーズに行わせようとする命の働きの現れです。

　次に、**「エネルギーの充電」**です。どんなに疲れていても熟睡すると、スッキリして目覚めます。そして元気いっぱい、活動を再開することができます。まるで、携帯電話やCDウォークマンのバッテリーを充電するかのようです。

　何千年の歴史を持つ、インドのヨガの考え方の中に、「プラーナ」というものがあります。まあ、強いて日本語に翻訳すれば「気」とでも言うのでしょうか？　この宇宙のすみずみまで存在している「エネルギー」、つまり「元気の素」です。

寝ているときに、このプラーナという元気の素が、第3の目（額のまんなか当たりにある）である松果体から背骨を通して、神経の中枢である太陽神経叢《そう》に運ばれて、そこから全身に配られると考えられているのです。科学が発達していないときに、よくこれだけのことを考えついたものだと思うのですが、説得力のある話です。いずれにしても、眠っているときに、再生の力が蓄えられているのです。

　何と言っても睡眠、しかも良質の睡眠が、美人製造にはなくてはなりません。よく女性のみなさんは、「睡眠不足でお肌のノリが悪い」と言いますね。まさに良質の睡眠が得られなかった証拠の言葉です。

　私たちの全細胞が切りかわる**真夜中の12時から3時までの間はどんなことがあっても、ぐっすり眠ってください。**やはり人間は、昼間活動し、夜寝るという自然のリズムがあるので、昼夜関係なくどこかで睡眠をとればいいというものではありません。昼夜逆転の生活をしていると、とたんに肌が衰えます。

　そして、良質の睡眠にとって欠かせないもの、それが「ゴールデンタイム」の使い方なのです。寝入り端《ばな》に、ろくでもない

ことを考えたり、想像したりすると、真夜中悪夢にうなされたり、ぐっすり眠れなかったりすることにもなりかねません。

特に、寝る前のテレビの影響は、ものすごく大きいと思います。何しろ、音声と映像がダイレクトに潜在意識に飛び込んでくるのですから。

ここで、**理想的なダイエットのコツ**をお教えしましょう。まず、次の言葉を紙に書いてみてください。そして食卓と枕元に貼っておくのです。


「やせる。やせる。私はやせる。おいしく食べて、キレイにやせる」

とても重要だから、もう一度繰り返します。

「やせる。やせる。私はやせる。おいしく食べて、キレイにやせる」


さあ、この言葉で最も大事なところはどこだと思いますか？

そうです。「おいしく食べて」というところです。なぜなら、意志の力でがんばったダイエットは、長つづきしないからです。「よし、ダイエットするぞ！」と無理してがんばって、やせたにも関わらず、その後、気を抜いたら、あっという間に前の体重よりも増えていたという、苦いリバウンド体験を持っている人は、ごまんといるのですから。

意志の力とは、つまり意識の働きです。

さあ、もう一度、意識と潜在意識の特徴を思い浮かべてください（p.35）。特に、意識は「物事実現の力は弱い」とあり、潜在意識は「物事を実現する強大な力を持っている」となっていますね。

意志という意識の力は抜いて「おいしく食べて、しかもキレイになったところをありありと想像する」ことが、潜在意識を上手に使うコツなのです。特に、夜寝る前のゴールデンタイムに想像することが、とても功を奏するのです。

こうしてみてください。あなたがもし今13号の服を着ているとしましょう。まず、枕元に、あなたが着たい9号の服を置きましょう。できれば奮発して、いい服を用意しましょう。安物だとすぐにギブアップしますから。

前章のうんちくコーナー①で練習した「あ～あ、しあわせ。私は、ツイてる！！」という言葉を唱えて、気持ちよくなったら、後は眠りにつくだけですが、その9号の服を着て、あなたは街をさっそうと歩いている姿を想像しながら眠るのです。

できるだけリアルに想像するのです。ステキな彼とデートしているところを描くなんて、すばらしいと思いませんか？「ステキだね。よく似合っているよ」なんて声をかけられて、有頂天になっている姿を思い浮かべるなんて、とても効果的ですね。

とにかく、潜在意識に任せることです。意識の力でがんばらないことです。

君の美しさに乾杯だ
フフフ…

セレブの強運テクニック　Ⅱ

「……あるときから黒と白だけじゃなくて、グレーがあってもいいのかな、と思えるようになったんです。そして、たとえ「がんばったけど、今日の自分はいまいちだったな」と落ち込んでも、『ま、そんな日もあるさ』って気持ちを切り替える。そういうことも、できるようになりました。……（以下略）」

〈集英社『with』2004年5月号より抜粋〉

これは、仕事もプライベートも充実して、ますます輝いている、女優の松嶋菜々子さんのコメントです。

私たちから見て、完璧に見えるセレブな女優さんでも、「……今日の自分はいまいちだったな」と、落ち込むことはあるんですね。

しかし、どうでしょう？　「ま、そんな日もあるさ」とすかさず、マイナスの感情を打ち消していますね。自然に「ココロの毒消しテクニック」の「瞬間立ち直り法」を取っています。

パッとココロを切り替えて、いつもスッキリしたココロだからこそ、強運で魅力的に見えるのでしょうね。

CHAPTER 3

キラキラ美人の
魔法の習慣

♥ 成功してる人の「感情サイクル」

生きている限り、人は次のことを繰り返しています。

思いつく→チャレンジする→壁につきあたる……

成功者と呼ばれる人は、このサイクルの繰り返しをものすごいスピードで行っているのです。つまり壁につきあたっても、そこで足踏みしていないのです。

そうでない人は、いつのまにかこのサイクルが止まってしまっている人です。

壁につきあたっても、立ち止まらない秘訣は何といっ

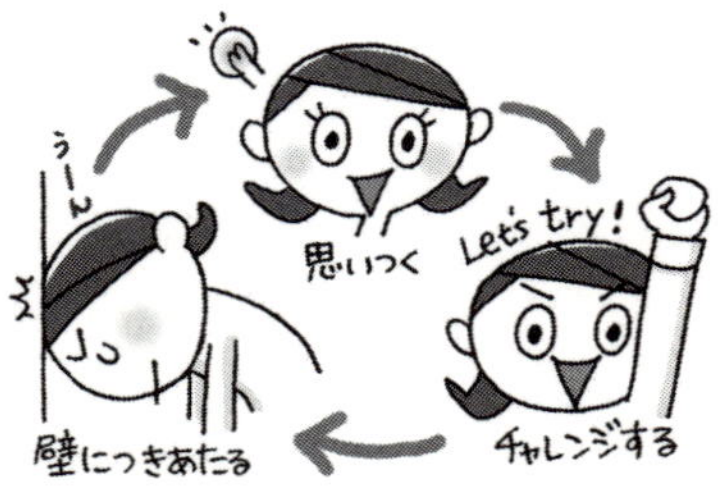

ても、アクション（行動）です。しかも、ちょっとした小さなアクションでいいのです。大きな一手ではなくて、次の小さな一手でいいのです。

そして、周りに感謝の気持ちを忘れないということです。周りもしあわせにすると、周りがどんどん運を運んできてくれます。そして、次々と夢が叶っていくのです。

そう、まさしくAタイプの人です。悩む暇なく、ポジティブ・アクションを取り、常にココロがスッキリした状態なのです。

人間は元来とてもやさしい動物です。しあわせな人はココロに余裕があるから、人のことを考え、人のことを思いやることができるのです。

♥しあわせをもたらす「愛のキラキラパワー」1
情けは人の為ならず

Aタイプは、自分の問題を解決するだけではなく、感謝の気持ちで、周囲にしあわせをもたらす行動を取るのです。

それが、「愛のキラキラパワー」です。

人間にとって一番つらいことって何だと思いますか？

そう、誰からも相手にされなくなることです。子どもの世界でも、シカト（無視）と呼ばれ、最も忌み嫌われている行為です。

人間は、一人では生きておれません。人と人の間に生きているから、人間というのです。良好な人間関係が、どこへ行っても築ける人は、もうそれだけでしあわせですね。

人間関係で、こんな有名なお話があります。

一人の若者が、新しい町にやってきました。その町の入り口に、老人が立っていたのです。人生に疲れ果てたような表情をしていたその若者は、その老人にたずねたのです。

「あの～、すみませんが、この町にはどんな人が住んでいるのでしょうか？」

老人は答える代わりに、逆に質問をしたのでした。

「お前さんが今まで住んでいた町には、どんな人が住んでいたのだね？」

若者は、悲しげな表情で答えたのです。

「それはもう意地悪で、冷たい人ばかりでした」と。

すると、老人は答えたのです。

「残念ながら、この町の人も、意地悪で、冷たい人ばかりじゃ」と。

別の日に、別の若者が、この町にやってきました。明るくいきいきとした表情の若者は、同じようにこの老人にたずねたのです。

「あの～、すみませんが、この町にはどんな人が住んでいるのでしょうか？」

老人は同じように、答える代わりに逆に質問をしたのでした。

「お前さんが今まで住んでいた町には、どんな人が住んでいたのだね？」

若者は、嬉々として答えたのでした。

「それはもうみんな親切で温かい人たちばかりでした」と。

すると、にっこりほほえんで老人は答えたのです。

「それはよかった。ここに住む人も、親切で温かい人ばかりじゃ」と。

この物語のように**人間関係は、どうやら自分の心を写す〝写し鏡〟**のようです。

では、あなたはどんな人と友だちになりたいですか？　あるいは仕事なら、どんな人とパートナーを組みたいですか？　そうですね、一緒にいて気分のいい人です。気分を害されるような人とは、一緒にいたくもありませんね。

だったら簡単です。相手の気持ちになって、相手の身になって、人に接するといいのです。

いつもニコニコする。

あいさつを先にする。

親切にする。

「お役に立ちたい」という気持ちを持つ。

話をよく聞く。

親身になって相談に乗る。

常に、温かい関心を寄せる。

考えればいろいろありますね。こういった行為の積み重ねが、実はあなたに、とてつもないエネルギーを与えてくれているのです。

例えば、次のようなことがよくあるのです。すごく疲れているときに、わざわざ一本電車を見送ってようやく、次の電車で座席を確保します。ところがそういうときにかぎって、座席の前に今にも倒れそうなおばあちゃんが寄って来るのです。

さあ、そこで取る方法は二つ。一つは、眠ったふりをして、そのまま座りつづけること。ところがこれが結構疲れるのです。タヌキ寝入りって、しんどいものですね。神経が、ちっとも休まりません。

もう一つは、思い切ってさっと席を譲ってあげること。するとﾞ何だか不思議です。あれほど疲れていたのに、いつの間にか、スッと元気が戻ってくるのです。そしていつの間にか、自分の頭をなでている自分がいるのです。「よくやった。たいしたものだ」と。

もちろん、このときに大事な注意事項があります。相手からのお礼の言葉を期待しないことです。もし、相手からのお礼の言葉を期待して、万が一、相手がお礼をしなけれ

ば、今度は頭にきたりムカついたりすることになりますから、せっかくの親切が台無しです。

「何だ、このばあさん！　非常識な！」と思ったりすると余計に疲れますからね。そうなると元も子もありません。

「情けは人の為ならず」という言葉があります。

多分、多くの方が、この言葉を間違って解釈していると思うのです。「情けをかけてやると相手の為になりませんよ」という具合に……。

この言葉の真意は「人に情けをかけると自分の為になりますよ」という意味だそうです。まさにそのとおりです。

ところで、私は、決して聖人君主のような生き方を、あなたに勧めているのではありません。また、倫理道徳を説いているのでもありません。倫理道徳に、がんじがらめになると、窮屈になるおそれがあるのです。窮屈な気持ちこそ、気持ちを暗くさせる最も大きな原因ですから。

自由に楽々と、しかもエネルギッシュに生きる方法を説いているのです。

自分のために、自分の中からプラスのパワーを引き出すために、いいと思ったこと、特に人に親切にすることなどはすぐにやってみたほうが得ですよということです。周りに愛をふりそそぐ「愛のキラキラパワー」は、周りをしあわせにし、そして、かならずあなたに幸運を運んできます。

♥しあわせをもたらす愛のキラキラパワー2 感謝・感激・感動の不思議なパワー

女性は、ものごとを直感や感性で判断する傾向が強いようです。「私、あの人、生理的に受けつけない」とか「何となく、嫌」なんて、男性が困るような表現をよくします。

健康食品でも化粧品でも、「感性」で選ぶ傾向にあります。成分がどうで、実験データがどうで……というよりも「何となくいいから」みたいな感覚で選ぶようです。

すべてがそうだとは言いませんが、男性は理性、女性は感性という感じです。

実は、この**「感性のパワー」**って、理性の何倍も強いのですね。感性を分解してみると、**感謝、感激、感動**です。

女性の方が、圧倒的にこの三つをやっています。

第一、言葉が圧倒的に、この三つで占められています。

「まあ、かわいい！」

「ステキ！！」

「すごーい！！！！」

「キレーイ！！！！」

「うれしい！！！！！」

とにかく、男性よりも圧倒的に形容詞、感嘆詞が多いのです。

実は、**この言葉の中に幸運の秘密がある**のです。

感動で生きている人は、ストレスがたまりません。

感激して生きている人は、幸福感に満ちあふれています。

感動、感激して生きるコツは、ものごとに「感謝して生きる」ことですね。

強運な人はこの三つを忘れません。だからこそ、周りもうれしくなって、どんどん

運を運んできてくれるのでしょうね。

♥しあわせをもたらす「愛のキラキラパワー」3 ありがとうパワー

質問です。

「成功できないのは、努力が足りないのではなく、○○が足りないからである」

あるいは、

「幸福になれないのは、努力が足りないのではなく、○○が足りないからである」

さあ、この○○の二文字の漢字は何でしょう?

智恵、熱意、根性、愛情……確かにどれも一理あります。正解を言いましょう。

それは、**感謝**です。一言「**ありがとう**」です。

すべての人が渇望する成功も幸福も、その多くは「人」によってもたらされるものです。他人の協力なくしての成功は、あり得ません。

例えば、会社勤めをしていても、協力してくれる仲間がいるから、仕事ができるのです。一人でできる仕事なんて、ほとんどありません。私は会社を経営していますが、従業員、みんなの助けがあってこそ、今の自分があります。

また、他人との関わりで、幸・不幸の多くが決定されるものです。

例えば、どんなにお金があっても、夫婦がいがみ合っていれば、それは不幸です。家庭に、笑いも語らいもなければ、地獄というものです。

感謝の気持ちがあれば、自然に口をついて出る言葉が「ありがとう」。

「ありがとう」は、実は人の力を借りるための最強の言葉なのです。

「ありがとう」と言えば、自然に返ってくるのが「どういたしまして」そこには、やさしい気持ちの交流があります。

実は、この感謝の気持ちは、あなたの人生を一変させるものすごい力があるのです。

そのエネルギーは、核エネルギー以上の爆発力を持っています。そのくらい、ものごと実現のパワーを持つのが、感謝の気持ちです。なぜなら「ありがとう」こそ、周りにしあわせをもたらす言葉なのです。また、最も強力な悪感情の「毒消し」にもなります。

さあ、今のこの瞬間からは、どんなことがあっても、とっさに「ありがとう」「ありがたい」と感謝する習慣を身につけましょう。

対人関係で嫌なことがあったら、とっさに、

「ありがとう!!!」

思いがけない、ハプニングに遭遇したら、すぐに、

「ありがたい!!!」

今まで、悪いことと思っていたアクシデントにあったら、

「なんて、ありがたい!!!」

こんな調子でやってみましょう。そのうち、習い性になります。そして、自分のものになります。

すると、どうでしょう。もう、落ち込みとは、おさらばです。いつも、ココロは日

本晴れとなるでしょう。

♥ 無敵の「ハッピー・アクション」1
目標を描けたら、どうにも止まらない！

CHAPTER1でもお話ししましたが、キラキラ美人の特徴は「ふっ」と思ったら「すっ」と行動に移すという特徴があります。つまり、**悩む時間をあまり作らない**ということです。

だからこそ、次々と積極的な行動に移すことができ、いろいろなことにチャレンジしていけます。そして、あこがれの**夢まで叶えてしまう**のです。

この習慣を「ハッピー・アクション」と言います。これが、キラキラ美人が、強運にみえるテクニックのようですね。

ちょっと、考えてみてください。あなたは、1000ピースのジグソーパズルを渡されました。そのときに「ごめんなさい。できません」と思いたくなるような渡され方があります。それは、どういう渡され方でしょうか？

そうです。一つは、最初に完成された絵を見せられることもなく渡されたときです。最初からぐじゃぐじゃに渡されたときです。しかも1000ピース……。どこから手をつけていいのやら。まったくお手上げですね。

次に、違う絵を見せられたときです。しかも、その絵が、完成の絵と似かよっているともう大混乱です。

例えてみれば「これは大山《だいせん》ですよ」と大山の写真を見せながら、その実「谷川岳」のパズルであったときなどです。やっても、やっても、うまくいかなくて泣きたくなります。

私たちの脳の働きは、このように映像ができないと混乱に陥るようです。

言い換えれば、**完成された像が描ければ、後は自動的に完成に向かって動き出すようです。**

完成された像が描けたならば、その絵を完成させるためには、どんな困難も厭わなくなるようです。これを私は「**どうにも止まらない状態**」と言っています。

今をときめく日本オペラ界のプリマドンナ・中丸三千繪さんは、若い頃、プリマドンナとしての絵が、彼女のココロにはっきり描けたのでした。

その結果、どのような行動を取ったかと言うと、イタリアに渡り、世界のプリマドンナであったマリア・カラスの車の前に立ちはだかり、弟子入りを志願したのでした。

ココロの絵が、彼女をどうにも止まらなくしたのです。

「あこがれる人を見つける」というのも、**夢を叶える近道**です。そして、その人のイメージをあなたの潜在意識に焼きつけると、もうどうにも止まりません。

小さなこと、ささいなことはどうでもよくなるのです。

♥無敵の「ハッピー・アクション」2　奇跡の「夢を叶える手帳術」

「虚仮（こけ）の一念」という言葉があります。虚も仮も実在の世界ではなくイメージの世界ですね。イメージを持ちつづけると、現実になるという意味です。

自然のものを除いて、この世の中に存在するものは、すべて誰かの想像から生まれたものです。

車社会と言われて、当たり前のように乗っている車も、その昔フォードのような人が「車をつくりたい」と強く、強くイメージしたから、できたのでした。

中国の万里の長城も秦の始皇帝の強烈なイメージが形になったものであり、六本木ヒルズは森ビルのオーナーのイメージが形になったものです。

せっかく、たった一回しかない人として生まれて来た人生なのですから、あなたもいいイメージを思いっきりふくらませて、夢を実現してみませんか？

寝ても覚めても、イメージを描いていると、不思議なものでそのイメージどおりのものが実現するのです。それは、良きにつけ、悪しきにつけ実現するものです。だから、あだやおろそかにも、悪いイメージは排除したいものですね。できれば、あなたの望ましい夢や願望を寝ても覚めてもイメージすることです。

そのためには、**紙に書くこと**。紙に書くことの効果は、実際味わってみた人しかわかりません。

買い物でもそうですね。買うものが一〇個も二〇個もある場合、もしメモなしで行ったら、必ず一個や二個は買い忘れるはずです。

人間は忘れやすい動物です。忘れやすいから生きておれるのです。もし、全部記憶していたら、たちまち脳がオーバーヒートです。そのための、外部記憶装置として「紙」があるのです。

私の人生を大きく好転させてきたものはと言えば、何と言っても「手帳」です。**奇跡の夢を叶える手帳**と呼んでいます。

●何をしたいか

●何になりたいか

●何を得たいか

これを、書き尽くしたから、今の私があるのです。

このときに、大事なことは、まず手書きであること。手書きだからこそ潜在意識にしっかりと刻印されるのです。そして、この書いたものを常に眺めること。

特に、寝入り端《ばな》の瞬間、目覚めのとき、そして電車に乗っているときなど、うとうとしているときに眺めることがポイントです。なぜなら潜在意識がぽっかり口を開けて待ってくれていますから。

小さな声で唱えることも、すばらしい効果があります。こうして脳に、ダイレクトにインプットすることです。

手段、方法で悩むことは一切ありません。不思議なことに、その手帳を眺めつづけていると、もうすでにその願望が叶ったかのように、その実現の方向に向かって脳が自動的に働き始めるのです。

そして、閃《ひらめ》きやアイディアというもので、その夢の実現の方法や手段を教えてくれます。

後は、その閃きやアイディアに従って、直ちに行動するのみです。

また、潜在意識は思わぬ人との出会いをもたらしてくれることもあります。

その人が、あなたの夢を叶えてくれるキーパーソンであったりするのです。

そうして気づいたら、あなたも夢を叶えたキラキラ美人に仲間入りしていることになるのです。

運のつく
スピリチュアルうんちくコーナー③
「シルバーアワー」もたいせつです

人生のゴールデンアワーが夜の寝際なら、朝の目覚めは「シルバーアワー」と言えるでしょう。オリンピックならさしずめ銀メダルです。そのくらいたいせつにしたいのが、朝の目覚めの瞬間です。

「朝」という漢字を分解すると「十月十日」となります。十月十日（とつきとうか）というのは、言うまでもなく出産の日数です。人間は、受精した後、十月十日経ってから、晴れてこの世に誕生ということになるのです。

つまり「朝」という字は、新しい命の「新生」を意味するのです。昨日までの自分から、新しい自分に生まれ変わるのです。

朝、目覚めた瞬間、あなたはどんな気持ちで目覚めていますか？　特に、月曜日は昔から、ブルーマンデーと呼ばれています。昔、アメリカの自動車工場で、月曜日に組み立てられた車は故障が多いということから言われたものです。まさに、ココロが仕事にも影響を及ぼすというよい例ですね。

「あ～あ、今日は月曜日か。また仕事が始まる。憂鬱だな」「楽しい休みも終わってしまった。今日から仕事か。嫌だな」などと、嫌な思いを浮かべながら起きていませんか？

潜在意識の性質の話の中で述べましたように、これって結構、自分の人生に重大な影響を及ぼしているんですよ。しかも、悪影響を……。

私が社会人になって病気になってしまったのも実は、この目覚めの瞬間の思い方が間違っていたのです。

「あ〜あ、今日もまた納期とクレームに追われるのか」

「仕事か。おもしろくないな」

「今日もまた、この体調の悪さと付き合うのか」

なんて、マイナスのことばかりを思って起きていたのです。毎日、毎日のこの積み重ねが、常にココロに喜びのない不満だらけの自分をつくっていたのです。

そうするとますますおもしろくない人生がやってくるのですからほんとうに怖いですね。特に嫌々ながら仕事をしていましたから、疲れやすいし、ストレスもたまってくるのです。そして胃腸を壊し、その苦しみを早くとろうとクスリを飲みつづけて、とうとうその副作用で抜き差しならないところまでいったのでした。根本の原因を取り去らないで、クスリで症状をごまかすことは絶対やめた方がいいと思います。その根本原因とは、常に不平不満の多い自分だったのです。特に仕事に対しての不平不満は相当なものでした。

潜在意識が味方ではなく、敵になっていたのです。

不平不満の多い人はストレスがものすごくたまっている人です。というより不平不満が多いから、余計にストレスがたまりやすいと言った方が、正解かも知れません。

ストレスがたまっているとろくなことはありませんね。常にイライラしているし、人に対しても優しくなれない、そして性格も悪くなります。

世の中には、三種類の人がいると言われます。それは……。

一、どうしてもいてほしい人　二、いてもいなくてもどちらでもいい人　三、いてもらっては困る人

性格が悪いとどうしても三番目の人になってしまいます。その結果、人からも嫌われ、孤独で不幸せな人生を送ってしまうのです。

こういう人を運の悪い人と言います。

性格が悪い人は、どうしても運の悪い人になってしまうのです。じゃあ、性格をよくしようと思ったらどうすればいいんでしょう？　賢明なあなただからおわかりだと思いますが、いつもココロを日本晴れのようにさわやかにしておくことです。つまり潜在意識の中身をよくしておくことしか方法はありませんね。

そのベストチャンスが夜の寝際でした。セカンドチャンスが、朝の目覚めのときなのです。眠りから覚めてまだうとうとしているときに、**「ありがたいな。今日もさわやかに目覚めることができた。すばらしい一日がまた始まる」**などと唱えながら起き

るのです。

寝際のときと同じように、うとうと状態のときですから、潜在意識にさっと、このいい気分が流し込まれるのです。

これを毎日つづけてご覧なさい。とにかく習慣化することです。そうすれば、あなたの潜在意識はとてもクリーンでキレイなものになること請け合いです。そうなるとしめたものです。あなたのココロはいつも、うきうきルンルン！！　まるで見違えるようにはつらつとし、全身から美しさのオーラが漂ってくるのです。

Mr.・大丈夫の
なんでも相談コーナー　仕事・人間関係編

Q 職場の同僚と気が合いません。行動は一緒にするけど正直疲れるんです。

A 無理に気が合わない人と行動を共にしないことって大事です。一緒にいて疲れる人とは、極力時間を共有しないことです。あなたは八方美人になっていませんか？　すべての人にいい顔をしようと思うと疲れます。人生は、嫌々ながら過ごすには、あまりに短いのです。とは言っても、職場という空間の中では、どんな嫌な相手であっても行動を共にしなければならないことだってあるでしょう。好き嫌いばかりを言っていると大人として扱ってくれないのが職場です。では、いったいどうすればいいのでしょう？　ズバリ、嫌いな人をなくすしかありません。そのコツは、どんな人であっても**相手のいい点を見る**のです。美点を見る練習を積むことです。ややもすると私たちは、自分のことは棚に上げておいて、人の欠点を見がちです。そうすると気分がいつもイライラしてくるのです。またそれがクセになってきます。

「気分上々」。これが運をよくする最も近道であると、この本でご理解いただけたと思います。相手の欠点を見るのではなく、いい点を見つけるよう習慣づけると、いつもココロが晴れ晴れとしてきますから、やってみてください。するとあなたには嫌いな人がいなくなるのです。ただし、八方美人になる必要は決してありません。あなたがいきいきとしておればいいのです。周りのご機嫌を取る必要は決してないのです。

Q 売場のチーフに抜てきされたのですが。うれしいというより不安で不安で……。

A 大丈夫です。もし不安になったら「大丈夫、大丈夫、大丈夫……」と声に出して唱えてみてください。これが結構効果があるのですから。

それに、誰でも新しい任務に就くときは、不安なものです。また適度の不安感があるから、緊張感をともない集中力が高まるのです。そして、何よりも周りの目を気にしないこと。「チーフとして恥ずかしくない行動をしなくては」なんて思わないことです。肩の力を抜いて、今までどおり自分らしく振る舞うのが一番です。どうか安心してください。

Q 職場のいわゆるお局様に目をつけられ、何かと私だけ説教されてしまうんです。

A 嫌ですね。かと言ってもう我慢の限界ですね。そんなときは、ココロの毒消しテクニック②でも紹介した「浄化法」をやってみることです。きちんとやってみてください。不思議なことを体感しますから。

さらに、もう一歩この浄化法をパワーアップさせましょう。紙に書いて書いて、書きまくって、ある日ストンと気持ちがスッキリしたら、その日から今度は、そのお局様に対して「ありがとうございます」「ありがとうございます」と感謝の言葉を唱えながら、眠りに就いてください。そのときのコツは、**ココロを込めないことです。機械的で十分です。**これを繰り返していると、何と向こうから謝ってくるとか、急に退職するとか、思いがけないことが起きるのです。

なぜかわからないけれど、こういうことが起きるのです。これがココロの力の不思議なところですね。

CHAPTER 4

運命を左右する
ちょっとした習慣

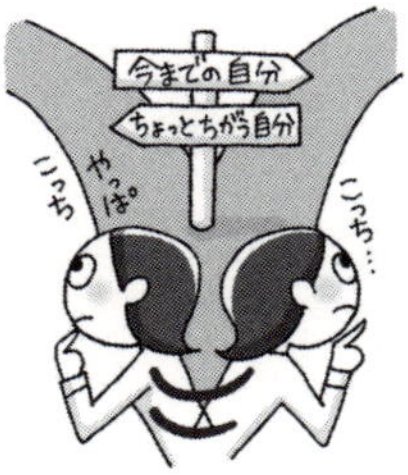

♥ 思い込みのパターンで運命は決まる

私たちは生い立ちの中で、知らず知らずのうちに、自分の「思い込み」を持ってしまっています。

その思い込み、考え方のパターン、考え方のクセに基づいて行動するのです。その結果、何度も、何度も同じことを繰り返します。

よく職場を転々とする人がいますが、その大半の理由が人間関係と言われています。能力の問題とか、スキルによる問題によって会社を辞めるということはまれだそうで、人間関係がうまくいかなくて辞めていくのです。

その原因は、本人にあるのですが、なかなか気づかないのです。気づかないから、同じような過ちを繰り返すのです。

男運の悪い人は、本人が無意識に「男運が悪い」と思い込んでいます。頭では否定していますが、無意識が肯定しているのです。だから知らない間に、男運の悪い方向へ、まるで導かれるように行動するのです。

金運に恵まれない人は、無意識にお金を遠ざけています。そして嫌っているのです。特にお金はデリケートなものですから、あなたからの無意識のメッセージを感じ取ります。まして「人生はお金じゃないよ」なんて言っていると、お金は傷つけられたと思って二度と近づかなくなるのです。

お金は運と同じで、あるところにどんどん集まってくるのですから、よもや粗末にはできません。

♥ 気づくことで「運」は変えられる！

ところで、気づかないココロの領域を「無意識」と言い

ます。意識できないのですから無意識というのです。

この無意識化されたものが、意識化されたとき、それを「気づき」というのです。

つまり、気づくということは、今まで気づかなかったことに気づくのですから、「変えることができる」ということです。

気づくことによって、自分を変えることができ、運命を変えることができるのです。気づきによってのみ、初めて自分を変えることができ、そして未来を変えることができるのです。

「過去と他人は変えられない、自分と未来のみが変えられる」という名言が教えてくれるとおりです。

ところがこの気づきがなかなか難しい……。自分のことはわかっているようでなかなかわからないのです。

「無くて七癖」というように、いろんなクセを持っている自分がいます。またいったん身についたクセは、なかなか矯正できないのです。それがクセとも気づかないのですから、直しようがありません。

クセは、習慣とも言い換えることができます。いい習慣ならいいけれど、悪い習慣なら私たちをダメな方向へ向かわせるのです。私たちは結局、習慣の奴隷と言っても過言ではありません。

腰痛や肩こり一つとっても、日頃の生活習慣が原因となっています。この私も、先日腰痛をやりましたので、大きなことは言えませんが、悪い座り姿勢という悪習慣からくるものでした。

遅刻する人は、必ず遅刻します。しかも、遅れる時間も大体同じなのです。ものごとにすぐ取りかかれないで、ぐずぐずするのもこれまた習慣です。甘いものが大好きで、ついつい甘いものばかりを食べてしまうのも習慣です。

身についた習慣を変えようと思ったら、人に指摘してもらうのが一番です。だから、「素直」ということが運をよくする上においては、なくてはならない条件です。

他の人から見ると、あなたのクセや習慣は、簡単にわかるものです。ところが、これがなかなか素直になって聞き入れることができないのです。まして、悪習慣だとどうしても欠点を指摘されているようで、嫌になります。

さあ、こんなとき、功を奏するのが、前述の「ありがとう！！」です。

特に、自分にとって耳の痛いこと、嫌なことを「ありがたい」という気持ちを持って聞くことができたら、どれだけ自分の成長の糧になることか。

ムカついたり、頭に来たり、切れたりしそうな指摘でも、謙虚に聞けるようになったら、あなたのココロの器が大きく広がるのです。

ココロの器が大きくなれば、特に対人関係でうまくいくようになります。


例えてみればこういうことです。ドロドロブスは、自分に自信がないからいつも他人からの評価を気にしています。

その人を仮にD子さんとしましょう。D子さんには、小泉さんと安部さんという友人がいました。

ある日、小泉さんがD子さんに告げ口したのです。

「ねえ、先日安部さんが、あなたのことを軽薄な女だと言っていたわよ」と。

こんなケースのとき、ドロドロブスのD子さんは、ココロがいつも不安定だから一気に逆上します。感情がもうドギマギです。

「えっ、何だって！　そんなこと言ってんの。絶対許せない。今から安倍さんのところへ行くから、あなたも一緒に来て！！！」

……と話がとてつもなく、ややこしいことになるのです。

ところがココロの器の大きいキラキラ美人は、こんなケースのときも一向に動じません。そのキラキラ美人をK子さんとして、今の話を再現してみましょう。

K子さんには、小泉さんと安部さんという友人がいました。

ある日、小泉さんがK子さんに告げ口したのです。

「ねえ、先日安部さんが、あなたのことを軽薄な女だと言っていたわよ」と。

これを聞いたK子さんは、

「あ、そう。ありがとう。安部さんはいつも正しいからね」

と、これで終わりです。このように反応しないで流すことによって、大きなメリットがあります。

告げ口した小泉さんも拍子抜け、もうこれ以上告げ口も言わなくなることが第一点。

さらに、告げ口が好きな小泉さんは、この反応を安部さんに持ち帰って必ず言うでしょう。すると安部さんは、今までの悪口を取り下げて、きっとK子さんのファンに変わるだろうということが第二点。

つまり、人間関係のドロドロしたトラブルに巻き込まれることもなく、また告げ口、悪口を言う人も遠ざけるという一石二鳥の効果があるのです。

そして、さらに安部さんが、自分のことをどうして軽薄だと思ったのだろうと、考えてみることによって、自分を客観視できるのです。その中から、また有益なヒントをつかむことすら可能になるのです。

さあ、どうでしょう。こうすることが運気を高めることだと察した方は、かなりいい線いっていますよ。

♥ 口グセの習慣を変えると「運」も変わる

「無くて七癖」、中でも口グセについてここでは触れてみたいと思います。ちなみに口に関する表現をあげてみました。

・口は災いのもと
・口に戸は立てられぬ
・口から出まかせ
・口ほどにもない奴
・口八丁手八丁

なぜかこうして列挙してみると、いい意味ではない表現が多いですね。つまり余程言葉には注意しないといけないという、先人の体験からくる教訓かも知れません。

実際、売り言葉に買い言葉ではないですが、長い間の信頼関係だって、無神経なたった一言によって、一瞬にして壊れることなんてざらにあるのです。

そのくらい言葉には影響力があります。

日頃何気なく使っている言葉ですが、この言葉が私たちの人生に、ものすごく影響を与えているのです。

はじめに言葉ありき、言葉は神とともにありき……とヨハネの黙示録の出だしの一節ですが、日本でも言葉は言霊《ことだま》、つまり言葉には命が宿ると言われているくらいです。

「やさしい言葉の種を播き、みんなでつくろう花の園」

でありたいものです。

特に、口グセは繰り返し、繰り返し唱えられるので、ものすごいパワーを持っています。それはいいこと悪いことに関係なく……。

「疲れた」「疲れた」「しんどい」「しんどい」と連発しているとほんとうにしんどくなってくるのです。疲れてしんどいから、そう言っているのかも知れませんが、繰り返し言っているから、疲れが抜けないのです。

そう言えば、お金に困っている人は、しょっちゅう「金がない」「金がない」「生活が苦しい」「生活が苦しい」と言っています。お金がないから言っているのでしょうが、言っているから金運がさらに遠のいてしまっているのです。

「男運にめぐまれなくて」「男運にめぐまれなくて」と言っている人は、事実めぐまれていない上に、さらに繰り返し言っているから、めぐまれない波動をあたり一体にばらまいているのです。

「私には無理だ」「できない」と繰り返し言っていると、頭からやろうという気が起きませんから、永遠にできないのです。

やってみなければわからない……これが最も確かなことなのです。不確かなことをよりどころにしていると、いつまでたっても不安です。

とにかく「やってみなはれ」……スモールアクションからやってみましょう。気が乗らなくても、やってみると気が乗ってくるから不思議です。悩まないためにも、ストレスをためないためにも。

あなたの、そのスモールアクションの積み重ねが、やがて大きな花を咲かせるのです。

♥ いい性格がいい運を呼ぶ

人から決して奪われることもなく、あなたにとっての最も貴重な財産とは、一体何だと思いますか？

それは、身につけた「能力」と「いい性格」です。

日本がここまで栄えたのも、戦後、子どもたちの教育に力を入れてきたからです。つまり、他の国よりも能力の高い人をたくさん育ててきたからです。

その証拠に、日本では文字の読めない人、文盲はほとんどいません。日本の労働力は、その理解力において、表現力において群を抜いていたからこそ、世界最高品質のものをつくることができたのです（でも、最近はその状況がちょっと怪しくなってきました。残念です）。

さて「能力」についてはこのように、その人の財産であるということは、とてもわかりやすいのですが、もう一つの「いい性格」というのも、その人の財産であるということを忘れてはいけません。

なぜなら、いくらすばらしい能力を持っていても、性格が悪く、人から嫌われるようでは、その能力が活かされないからです。

人は「人間」と言うように、人と人の間で生きるのです。だからこそ私は「能力」よりも「いい性格」の方が、むしろ重要ではないかと痛感するのです。

オリンピックやプロスポーツや歌手の世界においては、そりゃ、能力がかなり重視されますが、普通の仕事や日常生活を送る上においては、そんな特殊な能力や高度の能力はあまり必要としません。

どうですか?

入社試験でバック転ができることを要求されたり、跳び箱を二〇段跳ぶことを求められたりは、決してしませんよね。

例えば、最近増えている流通業にしても飲食業にしても、多くの職場で、商売繁盛において最も大事なことは、感じのいいお店であるということです。つまり感じのいいお店というのは、感じのいい店員がいることですね。

どんなにお店のインテリアや、調度品がよくても、応対する店員の態度が悪ければ最悪です。例え、その店員がどんなに能力を持っていようとも……。

性格がいい人は、感じのいい人です。

では、性格はどのようにつくられるのでしょうか？ 生まれつきのものでしょうか？ そうではありません、生い立ちの中で知らず知らずのうちに形成されるものなのです。

性格に影響を及ぼすのは、まず親、そして兄弟たちです。さらに学校の先生や友だちなど、接する人たちの影響を受けながら、あなたの性格が形づけられるのです。これを昔から、「朱に交われば赤くなる」と言っています。

ただ言えることは、周りの人たちの性格をそっくり受け継ぐのではなく、その人たちとの接触において、そのときの感じ方、考え方によって自分の性格がつくられるのです。だから反面教師というのもあるのです。

そして、一番大きいのが、本人の思い込み。あなたが、あなた自身のことをどのように思い込んでいるか、これがあなたの性格形成にものすごく大きな影響を及ぼしているのです。

あなたがもし「私は、人に好かれていない」と思い込んでいたら、その思い込みのように、人に好かれない性格になるのです。

「私は、引っ込み思案で、人とうまくやっていけない」と思い込んでいたら、そのとおりになるのです。

そんな思い込みは、どこから来ているのでしょう？　そうですね、幼い頃のちょっとした失敗体験からなのです。

私自身もずっと今まで思い込んでいたことは、運動神経が鈍いということでした。その結果、友だちの野球の輪などには、なかなか入れなかったのです。つまり、まったく人付き合いのできない子どもでした。だから、いつもイジイジした暗い少年だったようです。

よく、親から「泣き虫、弱虫、意気地なし」と言われたものです。でも、考えてみれば、「私は運動神経が鈍い」と自分自身、思い込んでも仕方がない生い立ちだったのです。

その理由は、幼稚園に行かなかったからです。いきなり小学校にあがっても、何も知らないことばかりです。みんなが楽しそうに「カゴメ、カゴメ、籠の中の鳥は……」なんて遊んでいても、どのようにして遊んでいいのかルールもわかりません。ドッジボールも野球もそうですね。まして、多感な時期です。そんなことから、すっかり私は運動神経が悪く、引っ込み思案の性格になってしまったのです。しかしそんな思い込みは、幸い勉強の方で挽回していけたのです。

人間の思い込みが、まさに性格を形成するのですね。人間なんて、そんなに大した差はありません。なにしろ、この世の中に生まれて来るだけで、すごいことですから。まして、ほとんどの人が持てる能力の五％くらいしか使っていないのです。

もし、あなたが、自分の能力に対する否定的な思い込みを持っているようでしたら、その思い込みを思いきって捨ててみましょう。

その秘訣は、どんなことも苦手意識を捨てて、思いきってやってみること。そして失敗をおそれないことです。むしろ、失敗を歓迎することですね。

そして何度も、何度も繰り返すこと。石の上にも三年と言いますが、どんなことも本気で打ち込めば、ものにすることができるのです。

昔から言われています。「継続は力なり」。

私は、もっと強調して「継続こそ力なり」と言い変えています。

何かにチャレンジし、何かを成し遂げようとしたら、継続をおいて他にはありません。継続しておれば自ずと、あなたの中にある可能性に目覚めてくるのです。

しかし、行動を起こすのは簡単だけれども、その行動を継続することがなかなかむずかしいのです。

その理由の一つは結果を早急に求めること、特に他人との比較がいけません。他人と比べて、自分が遅れていたり、劣っていたりするとあせったり、不安感を持ったりするのです。つまり、この本の中で、何度も述べたように、気分が上々でなくなるからです。

そしてもう一つの大きな理由は、最初から大きなことをやろうとするからです。だから簡単にざせつするのです。

例えば、学校の大きなグラウンド全体を一度にそうじをしようとするようなものです。あまりの大きさにうんざりするのです。

小さな行動の積み重ねでいいのです。子どもの頃、庭に大きな石が置いてありまし

た。ちょうど屋根の下にあり、雨のたびに、雨だれが一滴、一滴同じ所に落ちるのです。一滴、一滴のしずくには、何の力もありませんが、繰り返し、繰り返し同じ所に落ちるので、その固い石には穴が空いているのです。

道端の雑草もそうですね。

どんなにコンクリートで固めていても、やがてそのコンクリートを持ち上げてしまうのですから、そのじっくりゆっくりの力はすごいものです。

もし、雑草が一気にコンクリートを持ち上げようとしたら、雑草自体がつぶれてしまいます。

やはり、毎日ほんの少しずつ、コンスタントにコンクリートをじわじわ持ち上げることによって、結果的に驚くようなことになるのです。

性格美人はしあわせ美人

あなたの性格があなたの運命を左右します。

特にこの世のことは、家庭にしても、恋愛にしても、職場にしても、すべて人と人との関わり、つまり人間関係からできているからです。

どんなに能力があっても、才能があっても、学歴があっても、良家の家柄であっても、人に嫌われたらもうどうしようもありません。当然、好運なんてものも近づいて来ないのです。

一にも、二にも性格美人になることを、心がけることです。と言っても、八方美人になることをおすすめしている訳ではありません。八方美人は、疲れるだけです。みんなにいい顔をしようとするとストレスが溜まるだけです。ストレスが溜まると、愚痴、泣き言も多くなり、人が遠ざかり、その結果運命すら悪くなるのです。

性格のいい人は、愚痴りません。泣き言を言いません。不平、不満も漏らすことがありません。
いつも、前向きに自分の夢に向かってチャレンジしています。また、とても活動的だから、とても運があるように見えるのです。その結果、同じような人がどんどん集まり、運がますますよくなるのです。
そして、内面からキラキラと魅力があふれてくるのです。お顔立ちが整ってるだけの美人ではなく、性格美人こそ、ほんとうのしあわせな美人ではないでしょうか?

では、性格をよくするには、どうすればいいのでしょうか。次の、とっておきの秘訣をまとめておきました。

その1　自分の運命は自分持ちと思う
その2　失敗を恐れずチャレンジする
その3　失敗しても自己処罰しない
その4　どんなときも感謝の気持ちを持つ
その5　人の気持ちになって行動する

この五ヶ条を習慣化すれば、もう間違いなしです。

運のつく
スピリチュアルうんちくコーナー④
変化を恐れないで

自然界は常に変化しています。**変わらないものなどは何一つとしてありません。**

逆説的に言えば、この自然界で唯一変わらないものがあるとすれば、それは「常に自然界は変化している」ということだけでしょう。

つまり最も大事なことは、変化にいかに上手に適応していくかと言うことです。

生きるということは、しかも上手に生きるということは、常に変化するこの環境にいかに適応していくことができるかと言うことです。

ところが多くの人が大きな勘違いを起こしていいます。今の状況がいつまでもつづくと思い込んでいることです。今まで、銀行の破綻や保険会社や建設会社の倒産が、まったく考えられなかったことと同じです。

願望を次々実現していく運のいい人は、変化を恐れていません。むしろ変化を自ら進んで起こしていっているのです。

一生懸命、がんばっていても運には何の関係がないと、この本の最初の部分で申し上げましたが、**実は一生懸命がんばることによって、変化に対して目をつぶっていることが往々にしてあるのです。**

変えたくないから、従来のやり方にしがみつき、懸命にがんばるのです。その結果、ますます泥沼に入ってしまうことにもなりかねません。

潜在意識の使い方に習熟すると、あるとき変化が一気に起きてきます。

それは今まで勤めていた会社からのリストラの通告であったり、今まで仲良くしていた人との別れであったり……。

そのとき、現象的には悪いことが起きたかのように思うのです。でもこれは、運命好転の一つの大きな現象なのです。これを**「好転現象」**と呼んでいます。あるいは「運命の自壊作用」、「ケミカライゼーション」と呼ばれたりしています。

断食をしたり、体の浄化をしたりすると一時症状が悪化したような現象に遭遇します。漢方ではメンケン反応と呼ばれますが、あれと同じことです。

体も運命もよくするためには、膿をいったん出さねばなりません。大事なものを得ようと思ったら、何かを捨てなければならないのです。

大いに、運命の自壊作用を楽しんでください。変化こそチャンスですから。

ピンチという変化が、次のチャンスを呼び込んでくれるのです。

セレブの強運テクニックⅢ

「それはジョン・ガリアーノさんのショーのオーディションに行ったときのこと。

『とにかくセクシーに振る舞ってください』

こんなテーマを与えられた私は、どうしてもその意味を理解することができず、思うように演じることができませんでした。

案の定、そのショーからはずされたのですが、あとでそのショーを見たときに、その理由は明らかになりました。ショーに出ていたモデルたちは、一様に相手をそそるようなセクシーなポーズを、それはそれはしなやかにこなしていたのです。当時の私には、到底演じることのできない『役柄』。きっとこれは、本番で恥をかかせないよう、そして次に生かすためにと、ジョン・ガリアーノさん自身が教えてくれたのだと私は前向きに解釈しました。

そして私は、自分を試すために、次のシーズンもジョン・ガリアーノさんのオーディションへ赴き、今度は合格することができました。

lucky celebrities

（中略）

……私にとって、自分を磨くこと自体が、仕事の意味であり、意義であります。この職業につく機会を与えられたことを、心の底から感謝しています」

〈幻冬社『シンプル・ビューティー』川原亜矢子著より〉

パリ・コレで活躍し、現在、CM・ドラマ・映画で活躍している川原亜矢子さんのパリ・コレ時代の逸話です。

「そのショーからはずされたのですが……」と、モデルとしてはショッキングな「問題」に対して、

「きっとこれは、本番で恥をかかせないよう、そして次にいかすためにと……私は前向きに解釈しました」と、「もう一人の私相談室」で、冷静に客観的で、前向きな解釈をしています。

根に持ったり、マイナスな感情に陥ることなく、スッキリした前向きなココロの状態で、一年間成果をあげてきたからこそ、翌年には合格することができたのでしょう。

また、周りに「感謝」の気持ちを忘れない（「愛のキラキラパワー」）彼女は、やはり

「キラキラ美人」です。

これからも、ますますの輝かしい活躍が期待できますね。

おわりに

この本では、ココロの持ち方しだいで人生はいくらでも好転できるという観点でいろいろお話を進めて参りました。

さらに「うんちくコーナー」では、潜在意識の上手な活かし方について解説を加えて参りましたが、これらはすべて「ヨガの哲学」からきています。

と申しますのは、20代の頃、私はストレスでカラダを壊し、その結果、薬漬けになってしまいさらにひどい状態になり、二進《にっち》も三進《さっち》もいかない「どん底」に落ち込んでしまったことがあります。

そんなときは、何をやってもうまくいかず、今から思えば運に完全に見放された状態だったのです。

そしていろいろさまよった挙げ句、たどりついたのが、世界的な沖ヨガの創始者、故・沖正弘先生の道場だったのです。

その先生の主宰する道場で、一ヶ月近く断食しながら、いろいろ学んだことが、私の人生の大きな転機となっています。そして今の自分があるのです。

その道場でいろいろなことに気づかされました。そしてその気づきを元に生活改造を思いきり行ったことが、結果的によかったようです。

つまり今までの悪習慣をきっぱり断って、いい習慣を身につけるべく一歩を踏み出したことが、運命好転のきっかけになったようです。そしてそれからはとにかく運をよくすることだけを心がけてきたのです。

今では、私は本当に運がいいと思っています。自分の好きな仕事で生計を立てることができ、いろんな願望も次々叶えることができたのですから……。

ちなみに本を出したいという、若い頃の願望はもうすでに達成し、今では三〇冊近くもの本を、世に送り出すことができたのです。これもひとえに多くの皆様方のお力添えのおかげです。

本当にしあわせを感じています。またしあわせを感じていると、次々いいことが、雪崩のようにやってくるのですから、不思議です。

周りの人たちも皆、私のことを運がいい人間と思ってくれているようです。ありがたいことです。なぜなら、いい話が次々持ち込まれてきますから。やはり、運は人が運んでくれるのですね。

この本の企画も、今ではもっともツキのある人と呼ばれる、日本一の高額納税者、斎藤一人さんの最初の本『変な人の書いた成功法則』をブレイクさせた、とても運のいい総合法令出版さんから、持ちかけられたのです。

しかも編集は、キラキラ美人の金子尚美さんに担当していただけたのですからありがたいことです。

どうやら運は、好運な人が大好きなようです。

どうか運がよくなる習慣を、自分のものとしていただいて、強運なキラキラ美人の仲間入りをしてください。うれしい知らせをお待ちしています。

プロフィール

見山　敏（Mr. 大丈夫）
Satoshi Miyama

愛媛県出身　埼玉県在住。
難病のドン底への落ち込みから、ヨガと禅と医学の統合を提唱した「沖ヨガ」との出会いでよみがえる。この経験から、人の潜在意識や内なるココロの世界に触れていくようになり、ヨガ道場を主催し、独自の成功哲学・生命哲学を生み出す。
現在、㈱ソフィアマインド代表取締役、著述家、講演家、組織活性コンサルタントとして、活躍中。「Mr. 大丈夫」と名のり、熱意とユーモアにあふれる講演セミナーで、多くの人に希望と勇気とよみがえりの力を与えつづけている。

著書に、『あなたの夢がみるみる叶う』『みるみるよくなる「こころ」と「からだ」』『夢の実現』（総合法令出版刊）、『大丈夫、あなたならできる！』『やる気がでる』（ダイヤモンド刊）、『お金の女神に好かれる15の条件』（実業之日本社刊）、『新版・信念の奇跡』（こう書房刊）、『上手な叱り方が面白いほど身につく本』『上手なほめ方が面白いほど身につく本』（中経出版刊）他多数。

㈱ソフィアマインド　電話　03-5904-3800
ホームページ　http://www.sophiamind.co.jp/

強運な美人になれる魔法の習慣

2004年11月6日　初版発行

著　者　　見山敏
発行者　　仁部　亨
発行所　　総合法令出版株式会社
〒107-0052　東京都港区赤坂1-9-15
日本自転車会館2号館7階
電話　03-3584-9821（代）
振替　00140-0-69059

印刷・製本　　中央精版印刷株式会社

落丁・乱丁はお取替えいたします

ISBN4-89346-871-5　Printed in Japan

総合法令出版ホームページ　http://www.horei.com